ユーロが世界経済を消滅させる日

How the euro will strangle the globe

ヨーロッパ発！
第2次グローバル恐慌から
資産を守る方法

浜 矩子 同志社大学大学院教授
Noriko Hama

フォレスト出版

プロローグ

～2010年、欧州発！第二次グローバル恐慌が始まる！～

★次の火薬庫はヨーロッパ

「ヨーロッパの火薬庫」という言い方を、皆さんはよくご存じでしょう。バルカン半島を指す言い方です。多くの民族が入り乱れて同居している。それだけに争いが絶えない。第一次世界大戦も、この地域を巡る覇権争いが発端でした。

今なお、旧ユーゴスラビアを形成していた地域で、セルビア人やボスニア人、モンテネグロ人たちが衝突を繰り返しています。そのことも、メディア報道などを通じてご承知の通りです。

かくして、「ヨーロッパの火薬庫」は、今なお健在というか、一触即発の生々しい現実味を保持しているわけですが、ここに来て、どうも、新しい火薬庫問題がヨーロッパで火を噴きそうな状況になっています。

端的に言えば、**「ヨーロッパの火薬庫」**ならぬ**「ヨーロッパが火薬庫」問題**です。何も、ヨーロッパでまた第一次大戦並みの大戦争が起こると言いたいのではありません。

そうではありませんが、展開いかんでは、それに匹敵する怖さを伴う問題です。要するに、**ヨーロッパ経済の激震が引き金となって、地球経済が再び恐慌状態に陥ることになりかねない。**そういう問題です。

ご承知の通り、今日のヨーロッパにはEU（欧州連合）というものが存在します。ヨーロッパ全土をカバーしているというわけではありませんが、現在27カ国の国々が加盟しています。その中には、前述のバルカン半島に位置するギリシャやブルガリアなども含まれます。

そして、この27カ国のうち、16カ国がユーロという単一通貨を共有しています。そのいずれの国も、既存の自国通貨を放棄してユーロを採用しました。

かつて、ドイツにはドイツ・マルク、フランスにはフランス・フラン、イタリアにはイタリア・リラという通貨がありましたが、いまや、これらの通貨は存在しません。各国とも、慣れ親しんだ自国通貨に別れを告げて、ユーロを導入したのです。1999年のことでした。かくして、ユーロは2009年でちょうど10周年を迎えたわけです。

そして、２００９年11月、ユーロ誕生10周年がいみじくも幕を閉じようとする中で、「ヨーロッパが火薬庫化」することにつながりかねない問題が発生しました。

それは、**「ギリシャの財政行き詰まり問題」**です。

その経緯と意味については、本文の中で改めて検討します。一言でいえば、**ギリシャが国家破産に追い込まれるかどうか**という問題です。

★「複雑怪奇」では済まされない

実を言えば、ギリシャ問題は氷山の一角に過ぎません。**２００８年９月のリーマンショック以来、ＥＵ諸国は一様に極めて厳しい経済状況に追い込まれて来ました。**

それぞれが抱えていた実態に応じて、症状は様々です。

ですが、いずれにしても、深手を負ったことは間違いありません。彼らが直面して来た窮地は、リーマンショックのおひざ元であったアメリカよりも、実のところはるかに深刻なものだと言えるでしょう。

★プロローグ
～2010年、欧州発！第二次グローバル恐慌が始まる！～

なぜ、そうなのか。この点についても、本文の中でご一緒に考えていきたいと思います。さしあたり、ここで申し上げておくべきことは、**「今の状況の中で欧州情勢を無視していると、とんでもない火傷《やけど》をすることになりかねない」**ということです。

日本から見ていると、どうしても「ヨーロッパは遠い」「ヨーロッパは分からない」「ヨーロッパはどうでもいい」という風なことになりがちです。

それも、もっともなことではあります。今のようにデフレ風が激しく吹き荒れて、格差と貧困が社会問題化しているような中では、日本人の目がヨーロッパから一段と遠ざかるのも当然な面は大いにあります。

ですが、これではやっぱりいけません。

知らぬが仏ほど怖いことはありません。

知らないうちに、ヨーロッパの火薬庫が爆発して、その結果、**日本の株が暴落するかもしれません。**

円が暴騰するかもしれません。

安全だったはずの投資信託商品が、大きな損失を出してしまうかもしれません。

ユーロ建ての外貨預金が無価値になってしまうかもしれません。

ユーロそのものがなくなったら、どうでしょう。ユーロ圏でビジネスをしている日本の企業は、もとより、少なくありません。ヨーロッパが暴発する経済的火薬庫と化せば、彼らの事業は当然ながら大打撃を免れません。

「欧州の天地は複雑怪奇」とは、日本の第35代内閣総理大臣、平沼騏一郎《きいちろう》氏の言葉です。1939年8月、全く想定外だった独ソ不可侵条約の締結を目の当たりにして、平沼内閣は愕然《がくぜん》たる思いのうちに総辞職しました。

その時、平沼首相の口をついて出たのが、この「複雑怪奇」発言でした。1939年なら、これもやむを得なかったかもしれません。

もっとも、ひょっとすると、今日の日本の政治家たちの感覚も、平沼時代とあまり変わらないかもしれない。そう思えてしまうところが情けないですが、それはともかく、**融合と連鎖のグローバル時代において、「複雑怪奇なり」と欧州事情に背を向けてしまうと、どこからどんな火の粉が降りかかって来るかもしれません。**

リーマンショックは日本の津々浦々を震撼《しんかん》させました。その衝撃波は、今、まさに統合欧州という巨大な経済圏を激しく突き動かしています。状況の複雑怪奇さは、むしろ、1939年の比ではないともいえるでしょう。そうであればこそ、これを対岸の火事視していると、泣きをみることになりかねません。

★崩れた「静寂のオアシス」幻想

「ユーロ圏は静寂のオアシスだ」

ECB（欧州中央銀行）の初代総裁、ウィム・ドイセンベルグ氏がそう言ったことがあります。今は亡き人ですが、欧州通貨統合の熱心な信奉者でした。

発言の趣旨は、要するに、世界の為替市場がどんなに荒れ狂おうと、ユーロ圏内にその影響は及ばないということです。

一つの通貨を共有するユーロ圏加盟国の間では、もとより、為替変動はないし、気心が知れた同士だから政策協調もうまくいく。だから、外は嵐でも、ユーロ圏の中には常に静寂が支配する。それがドイセンベルグ氏の論法でした。

そのドイセンベルグ氏、今のユーロ圏の状況を草葉の陰からどんな思いで見ているでしょうか。「こんなはずじゃなかった」との思いが強いに違いありません。

これも本文で見ていくことになりますが、ここに来て、**ユーロ圏解体説が公然と論者たちの口から出るようになっています。**

筆者は、かなり以前からその日がいつ来てもおかしくないと考えて来ましたから、**「だから言ったじゃない」**と言いたい誘惑に駆られるところですが、それはさておき、ドイセンベルグ氏が今も健在であったなら、さぞや、ショックを受けていることでしょう。温厚で良心的だった彼が、この場面との遭遇を免れたのは、むしろ、天恵かもしれません。

今、統合欧州とその単一通貨構想は最大のストレス・テストにさらされていると言っていいでしょう。確かに、彼らは気心が知れた間柄ではあります。少なくとも、日常的なレベルではその通りです。

ですが、一皮むけば、そこには各種の思惑が渦巻いていますし、歴史的な緊張関係もしっかり根を張っています。何事もない無風状態の中では、そうした底流が顕在化することはありません。しかしながら、ひとたび雲行きが怪しくなってくれば、緊張感と摩擦熱はすぐに表に出て来ます。

その意味でも、「ユーロ圏は静寂のオアシス」というドイセンベルグ氏の言い方は本質をはずしていると思います。真相は、**「ユーロ圏は静寂な時にはオアシスだ」**というところでしょう。世の中が平穏で静寂な状態にあれば、誰も自己防衛行動に走ったり、誰かが窮地に陥って皆が迷惑したりするという事態は発生しません。そのような緊張状態が発生する余地がなければ、もちろん、そこはオアシスです。

ですが、ひとたび静寂が崩れれば、オアシスはそのオアシス性を失ってしまう。それこそ、オアシス転じて火薬庫と化すことにもなるわけです。激動の中でも、求心力の核であり続けられるか。それが、今日の統合欧州に突き付けられた試練です。

この試練に欧州は耐えられるか否か。その答えいかんが、今後の地球経済全体の在り方にも大きなインパクトを与えることになりそうです。EUが孤立した閉鎖的経済空間であるなら、彼らがどうなろうと、「複雑怪奇なり」と知らぬ顔を決め込んでいて何の差し障りもありません。

ところが、**今はグローバル時代です。**よほど気合を入れて鎖国体制をとらなければ、地球のどこかの一角で起こったことが、他の地域に何の影響も及ぼさないということはありません。

いわんや、ほぼアメリカ並みの人口規模をもつEUが激動すれば、その衝撃は必ず何らかの形で我々の日常に波及してきます。自社には欧州と取引がなくても、自社のお得意様には欧州との深い付き合いがあるかもしれません。

★不揃いパーツが生んだ巨大ロボット

しかも、その欧州は今、前人未到の領域で試練にさらされているのです。今のEUほど、**多様な数多くの国々が一つの共同体を構成する**ということは、ここまでの歴史の中ではなかったことです。

それだけではありません。それらの国々の半数以上が一つの通貨を共有しています。さらに、その**単一通貨は国々の合意によって人為的に合成された通貨**です。そのような通貨を国々が共有するということも、今までにはなかったことです。この状態の「静寂さ」を維持していくことは、そう簡単なことではありません。

今の欧州の状況は、言うならば、**「不揃《ふぞろ》いな部品でつくったロボット」**のようなものです。しかも、それらの個々の部品そのものが、それぞれ独自に動くロボットの特性を持っている。そもそも、大きなロボットのパーツとして機能するつもりなど全くなかった単体ロボットたちを、無理やりに組み合わせて巨大ロボットをつくり上げてしまったようなものなのです。

そのような巨大ロボットがロボットとして機能するには、常に、パーツ化した単体ロボット同士の合意が必要です。彼らの間の調和が少しでも崩れれば、巨大ロボットはどんな動き方をし出すか分かりません。パーツとパーツとの間で、どんな摩擦や軋《きし》みがいつ何時、どんな形で発生しないとも限らないのです。

こんな緊張感の高い内部構造を抱え込んでいるのが、ＥＵです。日々の日常性の中でも、平常状態を保持するために注意を要します。その意味でも、ユーロ圏はおのずから決して「静寂のオアシス」ではあり得ません。参加者たちの不断の努力がなければ、静寂は「騒乱」と化し、オアシスは「火薬庫」と化すのです。

いうならば、そのような恐怖の均衡の上に成り立っているのが、統合欧州の日常なのです。そこにリーマンショックのような激震が襲って来れば、並大抵ではない津波を引き起こして当然です。

誰もが色々な我慢をし、色々な妥協を受け入れて、決しておのずとしっくり来るわけではないパーツの役割に甘んじながら、ＥＵという名の巨大ロボットと、その中核部を形成するユーロ圏の構造的安定を保って来たのです。

★未知との遭遇

こんな微妙な均衡が、今回のような荒々しい経済的異変にさらされて、無傷でいられるわけはありません。

大きなダメージを被った巨大ロボットは、果たして立ち直れるのか否か。その帰結が地球経済にどのような揺さぶりをかけるのか。欧州にとっても世界にとっても、ここまでの歴史の中で出合ったことのない未体験ゾーン。そこに、ＥＵが我々を今、引き込もうとしているのです。これぞまさしく未知との遭遇にほかなりません。

不揃いなパーツでつくられた統合欧州という名の巨大ロボット。この不安定な構造物が未知と遭遇する時、何が起こるのか。それによって地球経済そのものはどのような未体験ゾーンに足を踏み入れることを強いられるのか。

これを皆さんとご一緒に考えてみたいと思うのです。それこそが本書が目指そうとしているところです。

第１章では「ＥＵ内の今日的風景」を概観しておきたいと思います。

その中から、ヨーロッパが次第に「火薬庫化」に近づいていく足取りを感じとって頂ければ幸いです。

第2章では「ユーロ」に焦点を当てます。ユーロ誕生に至る過程で何があったのか。そして今、ユーロの存在は統合欧州にとっていかなるものなのか。ユーロの真相に迫ってみたいと思います。

第3章では「リーマンショック前後の経緯を欧州の観点」からたどります。この間の大激震の中で、ＥＵがＥＵであることがどのような効果をもたらしたのか。そこに焦点を当てながらこの間の展開をみることで、ＥＵに内在する特有の力学を浮き彫りにしてみたいと思います。

第4章では第3章の分析を踏まえつつ、ＥＵの本音と建前の奇妙な関係をさらに掘り下げて行きます。

第5章では、第1章から第4章でみる状況の中で、ユーロがいかに危機的な場面を迎えているかを考察します。

そのユーロの危機の中で、世界的大波乱に向けての通貨的マグマが醸成されつつある。そう思えてなりません。

この問題意識を本章でみなさんと共有させて頂きたいと考えています。

巨大ロボットの間違いなく複雑で、時として怪奇で、そして常に緊張感に満ちた現実を、ご一緒に解析し、ご一緒に解明していければ幸いです。

EU加盟国

ベルギー、ブルガリア、チェコ、デンマーク、ドイツ、エストニア、ギリシャ、スペイン、フランス、アイルランド、イタリア、キプロス、ラトビア、リトアニア、ルクセンブルク、マルタ、ハンガリー、オランダ、オーストリア、ポーランド、ポルトガル、ルーマニア、スロバキア、スロベニア、フィンランド、スウェーデン、イギリス

ユーロ導入国

ベルギー、ドイツ、ギリシャ、スペイン、フランス、アイルランド、イタリア、キプロス、ルクセンブルク、マルタ、オランダ、オーストリア、ポルトガル、スロベニア、フィンランド、スロバキア

★プロローグ

〜2010年、欧州発！第二次グローバル恐慌が始まる！〜

プローグ

～2010年、欧州発！第二次グローバル恐慌が始まる！～

第1章　静かなる崩壊の足音

～EU内で今、起こっていること～

★目次

第3章 なぜ、どうして？
～リーマンショック前後にＥＵで起こったこと～

第4章 解体に向かうか、統合欧州

～建前統合・本音バラバラ、行きつく先は？～

第5章　巨大なドミノが崩れる時
～通貨大パニックは欧州から始まる～

★目次

歴史に学べ！

資料2　駆け足で見る！基軸通貨「ポンド」の歩み

第1章

静かなる崩壊の足音

～EU内で今、起こっていること～

★継ぎはぎロボットの心臓部に変調

巨大な継ぎはぎロボットに、今、何が起ころうとしているのか。それを見ていこうとしているわけですが、まず、ここでは、今日のEUの日常の中で、実際に何が起こっているのかを素描的にご覧いただきたいと思います。

街角ウォッチングの感覚で、継ぎはぎロボットが直面している状況を把握しておこうというわけです。

巨大な継ぎはぎロボットであるEUの心臓部は、ベルギーの首都、ブリュッセルにあります。ここに、欧州委員会と欧州連合理事会が置かれ、各国からの外交官およそ2500人、そしてEUの官僚およそ3万5000人が集まっています。欧州議会の本会議はフランスのストラスブールで開かれるものの、会議場はブリュッセルにも置かれています。

ブリュッセルは不思議な街です。

一見したところでは、いかにもコスモポリタンで明るい雰囲気の洗練された都会ですが、そこには欧州の津々浦々から集まって来た実に色々な人々がひしめき合って生きています。多様な人々が共存している空間には、必ず、それに伴う一定の緊張感が漂います。明るさの裏側に暗い緊張感がほの見える。そんな表情を持つブリュッセルです。その意味で、ブリュッセルそのものが継ぎはぎロボットのミニチュア版だといえるでしょう。

さらに言えば、そもそもベルギーという国そのものが一種の継ぎはぎ国家です。北のフランドル地方と南のワロン地方とは、言語的にも民族的にも、別個の存在です。政治も行政も教育も、一事が万事、この民族的違いに従って二重構造になっています。

両者を画する一線を上手に尊重しないと、ベルギーは一つの国としての求心力を保つことが出来ません。かくして、小さなベルギーの中に、ヨーロッパ的な分断と融合の綱引きの構図が集約的に表れているのです。

しかも、それだけではありません。ブリュッセルには、欧州各地、あるいはさらに遠い国々からやって来た外国人労働者や移民たちも存在します。そこにある多民族構図の小宇宙に、**欧州的なるものの光と影の双方が投影されている**と言えるでしょう。

★ＥＵの総本山での犯罪

こうした欧州型小宇宙のブリュッセルにとって、最近の悩みごとの一つが犯罪の増加です。行政の街だということがあって、ブリュッセルはＥＵの都市の中で相対的に治安の良い部類に属していました。

ところが、このところ、凶悪犯罪が増加傾向にあるのです。その一つが、２００９年９月に起こった欧州議会議員への襲撃事件でした。ＥＵ本部付近の路上で、ドイツ選出の欧州議会議員が若い男性２人から血みどろになるまで暴行を受けたのです。いわば、東京の霞が関や丸の内界隈《かいわい》で、昼日中に堂々と襲撃事件が発生したようなものです。路地裏のひったくりや通り魔事件とはわけが違います。これには、誰もが驚きました。

報道によれば、犯人は若き移民労働者だった模様です。それが事実であるとすれば、事件の暗さと問題性はさらに深まります。突如としてやって来た大不況の中で、移民労働者たちがその痛みを最も強く感じる立場に追い込まれている。その構図が、彼らを凶悪犯罪に追いやっていくということになれば、ＥＵ社会の内的ギクシャクは相当に深刻さを増すこととならざるを得ません。

実際に、今回の欧州議会襲撃事件に類する犯罪は、ブリュッセルで次第に日常茶飯事化しつつあるようです。**現に、各国の在ブリュッセル大使館で強盗に押し入られていないケースはない、**とさえいわれるような状況になっているのです。

ＥＵ行政のいわば総本山でこのような状態が広まっていくということになると、なかなか大変です。追い詰められた移民の若者たちが問題を引き起こし、そのことに対する市民の脅威の念が深まれば、やがて、それはＥＵ不信につながり、やがては反ＥＵ感情を目覚めさせていくことになりかねません。

なぜなら、増加する移民労働者の存在は、国々がＥＵという継ぎはぎロボットの一角を形成していることに起因していると目されているからです。この認識が必ずしも全面的に正しいわけではありません。

ですが、多くの人々がそう思い込んでいます。したがって、移民排斥の思いが募ると、それは、大なり小なり嫌ＥＵ感情の高まりにつながっていってしまうのです。追い詰められた人々のやむにやまれぬ悲しい反撃、あるいは自己防衛が、他人を傷つけたり、他人から物を奪い取るという形で出て来てしまう。それに対する一般市民の憎悪が募る。そして、そのことがやがては継ぎはぎロボットの内側からの解体につながっていく。

そんな展開が、あり得ないとは言えない。統合欧州の心臓部の街角で、そんな懸念を呼び起こす風景が見られる。それがＥＵの今日この頃の実態なのです。

★シェンゲン効果

なぜ、人々の認識の中でＥＵの存在と移民労働問題が重ね写しになるのか。

一つには、現実問題として、**「ＥＵがあるためにヨーロッパの中を人が移動しやすくなっている」**という点があります。

そのための法的枠組みとして、「シェンゲン協定」というものがあります。その内容は、要するに協定締結国間の人の移動に一切の制約を設けず、国境でのパスポート・チェックなど、出入国管理も一切行わないというものです。

「シェンゲン協定」の名称は、初めての協定がルクセンブルクのシェンゲン市で結ばれたことに由来します。当初の締約国は5カ国でしたが、今では、25カ国に膨らんでいます。そのうち、22カ国がEU加盟国です。

この協定の存在によって、**EU各国の人々が国境を越えて自由に移動出来るようになった**ことは言うまでもありません。ですが、シェンゲン協定の意味するところはそれだけにとどまりません。大きなポイントがもう一つあります。

それは、たとえ**EU圏外からやって来た外国人であっても、ひとたび、シェンゲン協定に参加しているいずれかの国に入国できれば、そこから先は全く国境でのチェックなしにEU内を往来できる**という点です。

つまりは、例えばポーランドに入国した日本人労働者が、その後は全く国境チェックを受けることなく、例えばスペインまでたどり着けてしまうというわけです。

この「シェンゲン効果」については、協定参加国の中にも、抵抗がないわけではありません。

もし、いずれかのシェンゲン国がテロリストの入国を許してしまったらどうなるのか。危険人物が統合欧州の中を大手を振って歩きまわるのを許していいのか。そのような声はしばしば上がりますし、イギリスやアイルランドは、これを理由の一つにシェンゲン協定への参加を拒否し続けています。

かくして、それなりに物議を醸すシェンゲン協定ですが、いずれにせよ、この枠組みの存在によって移民労働者の流出入が制度的に極めてやりやすくなっていることは間違いありません。

もっとも、それだけに、出入国管理に関する国々の体制はむしろ実質的に強化されているという面もあります。制度的に外国人たちが入って来やすくなったので、シェンゲンとは別個の独自ルールで人の出入りへの管理を強化しようというわけです。

誠に皮肉な話ですが、このような行動の中にも、継ぎはぎロボットとしてのEUの実相が顔を出しているということです。

★「来る者は拒まず、去る者は追わず」の本音と建前

そんなEU諸国も、常にシェンゲン協定を警戒心一辺倒で受け止めて来たわけではありません。ここが彼らのご都合主義なところですが、リーマンショックに至る地球的なバブル景気の中では、彼らはむしろシェンゲン効果を大いに利用して労働力確保に邁進《まいしん》したのです。

その典型が**「スペイン」**でした。**住宅バブルと建設ブームの到来で、リーマンショック前夜のスペインは大幅な人手不足に悩むこととなりました。**スペイン人だけではとうてい足りず、外国人労働者の確保が火急の課題となったのです。

そこで、彼らはシェンゲン域内から労働者をかき集める体制をとりました。まさに、金のわらじで外国人労働者の獲得を急ぐ彼らだったのです。金のわらじ作戦のもっぱらの対象となったのが、中部および東部欧州の新興諸国でした。ポーランドや

ブルガリアやルーマニアから、どんどん、スペインへ、ポルトガルへ、ギリシャへと人々が出稼ぎに向かうこととなりました。フランスやドイツなどのEU内大国でも、その傾向はある程度強まる展開となりました。

かくして、**EU内をヒトが東から西へと流れる構図**が出来上がっていきました。それによって、東西格差は次第に解消し、東欧諸国の経済も基盤が次第に安定していくだろうと、大いに期待が盛り上がる場面もありました。

しかしながら、もとより、これは**欧州版「右肩上がり」**の経済状況が成り立っている限りのことでした。当然ながら、いずれの国も、いざという時には、自国民の雇用を優先させます。好況時には金のわらじで探し求めた外国人労働者も、景況が悪化すれば一転して邪魔者です。自国民から、職を奪う雇用泥棒の扱いを受けることになってしまう。ブリュッセルの議員襲撃事件も、そのような手のひらを返す扱いへの憤懣《ふんまん》が募ってのことだった可能性が濃厚です。

実際に、リーマンショック後に企業倒産や工場閉鎖が急増したフランスでは、外国人失業者による大規模なデモや暴動が相次ぎ、パリ市内などがいくどとなく騒然としました。

また、企業経営者が、解雇の撤回を求める従業員に拉致《らち》され、軟禁されるという事件も頻発しました。生活の基盤を失った労働者が怒りの矛先を企業経営者や政府に向けるのは、ごく当たり前のことだと言えるでしょう。

職場が突然消えうせた。さりとて、自国に帰るにも旅費がない。急に行き場を失った外国人労働者たちは、いわば雇用難民です。その存在をどうしていくのか。これもまた、ＥＵ各国の政策と政治に課せられた大難問です。「シェンゲン協定」の基本理念は、まさしく、**「来る者は拒まず、去る者は追わず」**です。

しかしながら、シェンゲン地域の実態は大いに違います。**「来てしまっている者を拒み、去りたくない者を追い立てる」。**それがシェンゲン諸国の現実となっているのです。

★一つのパイプが激流を呼び込む

ＥＵは継ぎはぎロボットですが、同時に**グローバル化の小宇宙**だとも言えます。グローバル化を端的に言えば、それは**「融合と連鎖の力学」**です。

誰もが誰ともつながっている。誰かがくしゃみをすれば、みんなが風邪を引く。くしゃみをするのがどんなに小さな誰かでも、融合と連鎖の中でその影響は増幅され、やがてみんなに波及していく。それがグローバル時代というものです。

世界がグローバル化する以前には、国境が一定の遮蔽《しゃへい》効果をもっていた。ところが、いまや、それは期待できない。情け容赦なく、地球の裏側からでも、国々の中の津々浦々のお茶の間に衝撃が伝わって来てしまう。それが今日の実態です。

こうしたグローバル時代の実態が、EUの中でそのまま再現されていると言えるでしょう。ヒト、モノ、カネ、そしてサービスが域内を自由に移動する。それが今日のEUの原則です。

しかも、過半数の国々がユーロという一つの通貨を共有している。こうなれば、さしあたり、国境線はなんの歯止めにもなりません。

ユーロという単一通貨を共有していなければ、現在のユーロ圏の国々も、独自の為替政策や金融政策で経済的なショックに対抗することが出来ます。

ですが、今の彼らにはその自由度がありません。ユーロ相場の変動に、ひたすら振り回されることになる。欧州中央銀行（ＥＣＢ）の金利操作に身を委ねるほかはありません。自前の防波堤を築いて、押し寄せる鉄砲水から我が身を守ることが出来ないのです。そこにあるのは、恐怖の一蓮托生《いちれんたくしょう》の構図です。

★名ばかりの団結が頼り

リーマンショック後の展開の中で、ＥＵ各国、なかんずくユーロ圏参加諸国は、この一蓮托生効果の怖さを噛《か》みしめました。恐怖の現実を目の当たりにして、彼らがとった行動が、ＥＵの継ぎはぎロボットぶりを実によく示していました。

端的に言えば、**誰もが自分のことしか考えない抜け駆け行動に出た**のです。一体の巨大ロボットとして動くのではなく、個々のパーツが、勝手に我が身を守る方向に進み出したのです。

ＥＵの実態が継ぎはぎロボットである以上、こうなることは、当初から目に見えていました。不揃いなパーツたちの単独行動を避けたいのであれば、当初から、ロボットを接ぎ目なしの一体成形型にしておくべきでした。

要は、政治も行政も財政も、すべてが一元化された事情上の欧州合衆国を構築しておくべきだったということです。事実上の集権国家にしてしまえば、その中での抜け駆けといっても、おのずと限界がある。ですが、継ぎはぎロボット状態では、すぐさま、パーツごとの単独行動が前面に出てしまいます。

このようなことを、継ぎはぎロボットの設計者たちが分かっていなかったはずはありません。にもかかわらず、彼らはシームレス・ロボットづくりになかなか着手せず、今日に至っています。

それはなぜなのか。答えは簡単です。シームレス化を宣言したとたんに、継ぎはぎロボット状態さえたちどころに崩壊してしまうからです。**いつでも独自行動が出来る継ぎはぎ状態であればこそ、国々は巨大ロボットのパーツとなることを承服した**のです。

その道が封じられてしまうとなれば、彼らはたちどころにパーツの位置づけを返上すると言い出すでしょう。そうなったのでは、元も子もありません。

今回のような**「経済的有事」に際して、自分のことだけを考えて行動する余地が残されているからこそ、EU加盟国たちはEU加盟国であり続けているの**です。

この何とも矛盾した奇妙で名ばかりの団結こそ、ＥＵのＥＵたる所以《ゆえん》です。このデリケートな構造に狂いが生じた時、巨大ロボットは解体の危機に瀕《ひん》します。

それが現状ですが、果たして、ＥＵにこの現状を超えてシームレス・ロボット化を目指せる時が来るでしょうか。怪我の功名で、危機の共有が一体化への足がかりになるという見方もあります。それも一理はありますが、少なくとも、今回のポスト・リーマンショックの彼らの行動を見る限り、実態は全くその逆だったことに間違いありません。

そうした単独行動が横行する中で、確実に見捨てられるのが、既に見た雇用難民たちです。彼らのために救済策を講じるという論理が、継ぎはぎＥＵの中から出て来る余地はありません。

ですが、彼らが大量に、本格的に難民化してしまえば、そのことがもたらす汎EU的な社会問題には、計り知れないものがあります。そもそも、EUが東欧諸国の加盟受け入れを決意するに当たっては、ソビエト連邦解体後の東欧圏で大規模な難民問題が発生し、それがEUへの亡命移民の大量流入につながることを恐れたという面があったのです。

そうだというのに、自らの手でEU内難民問題をつくり出してしまうとすれば、これほどの愚行はありません。

しかしながら、結果的にはまさしくこの愚行が現実となりつつあるのです。

★後戻りが怖い

かくして、EUという名の継ぎはぎロボットはあちこちで節々が激しく軋んで、不協和音が高まる一方です。ここで、そんなEUを取り巻く地球経済の全体状況を確認しておきたいと思います。端的に言えば、「後戻りが怖い」。それが現状です。**グローバル恐慌と表現するほかはないこの間の展開は、その根底に世界的なカネ余り問題がありました。**

カネ余りがバブルをもたらし、カネ余りがもたらす低金利環境の中で、それでも高利を追求しようとする金融機関の暴走に歯止めがかからない。この力学が限界に達して持続不能状態に陥り、恐慌という名の鉄槌《てっつい》が下った。これがリーマンショック前後の経緯でした。

この鉄槌による打撃を何とか緩和しようというので、各国の政府が相次いで空前の経済対策を打ち出しました。この辺りはご記憶に新しい通りです。アメリカ70兆円超、中国50兆円超、EU内の先進諸国で25兆円から30兆円、日本15兆円など、合計で１６０兆円を超える規模の対策が講じられて来たのです。これらの思い切った措置のおかげで、地球経済はひとまず恐慌状態を脱したというのが大方の認識です。

これだけのスケールで資金が投入されたのですから、それなりに効果が出るのは当然です。ですが、問題は効果の中身です。カネ余りがもたらした恐慌状態から立ち直ろうとする時に、またもやカネ余り状態を再現しようとしている。

要は、これが今の政策対応です。これでは、どう考えても後戻りが怖くなります。低金利・カネ余りの中で高収益を求める投資行動が、再びバブルと暴走金融を呼び起こす。そうなってしまえば、またしても我々はあの高過ぎて危険過ぎる資産インフレの山の上に押し上げられることになってしまいます。同じ高過ぎる山に登ってしまえば、また同じ深い谷に突き落とされるに決まっています。

かくして、山から谷へ、谷から山へのジェットコースター運動をいつまでたっても繰り返す。この恐怖の無限ループが我々をつかまえて離さない。そんなことになりかねないのが、現状です。この点が心配であるために、国々は緊急対応型の蛇口全開的な経済対策を早めに打ち切りたがっています。

だからこそ、**いわゆる「出口対策」の議論がG20サミットなどで焦点になったりもするわけです。**

しかしながら、言うはやすしで、いったん開けてしまった政策の蛇口を閉めることはなかなか出来ません。閉めた時の結果が怖いですから、誰もがどうしても躊躇《ちゅうちょ》します。そして、躊躇すればするほど、蛇口全開が当たり前になってしまい、ますます、軌道修正が難しくなる。

これが、今の各国の状況です。その中で、実際に金融機関のハイリスク指向は戻って来ています。投機資金が国際商品の価格を押し上げる傾向も再び強まっています。

モノの世界はまだまだデフレ色が濃いのですが、その一方でカネの世界は早くもバブル化に向かう。製品デフレと資産インフレが同居するリーマンショック前夜の光景が、見え隠れする現状です。

★ユーロがなくなり、世界がなくなる?

後戻りの恐怖が現実のものとなってしまえば、今度こそ、ＥＵロボットの継ぎ目のギクシャクはかなり極限状態に達することとなりそうです。恐慌ドラマのここまでのステージで、既にして相当にガタが来ているわけですから、ここでさらに新たな激震を食らうとなれば、持ちこたえることは難しいかもしれません。

少なくとも**ユーロ相場の激しい動揺は免れません。**ユーロが揺れれば、それに見合ってユーロ圏外の欧州通貨も、もちろん相場が荒れることは必至です。円にもドルにも、その影響は波及します。

こうしてみれば、今のような状況の中でユーロ圏という大きな単一通貨圏が存在することは実に厄介なことです。それを改めてつくづく感じます。ここでもしユーロ圏が存在しなければ、欧州各国は事態の動きにそれぞれ別個に対応することになります。**バブルにせよ恐慌にせよ、個々の国々が自前のやり方で衝撃を吸収すれば、それだけ全体としての動揺は小さくて済む面があります。**

もっとも、自前行動があまりにも身勝手で、周りに痛みを押しつけるようなものであれば、これはかえって事態を悪化させることになってしまう。そこが要警戒ではありますが、少なくとも、有無を言う余地なく、同じ衝撃に身をさらす状況にはなりません。

パソコン上で一つのフォルダーに全てのデータを入れてしまっていると、そのフォルダーが消滅すれば一巻の終わりです。フォルダーが小分けされていれば、事故の衝撃もそれだけ小さいものにとどまる。それと同じことで、通貨の数も実は小分けされている方が、巨大な単一通貨圏よりもリスクが小さくて済むという面があります。

この問題が発生しないのは、単一通貨圏に属する国々の経済実態がとてもよく似通っている場合です。そして、すべての政策権限が一つの政策機関に集約されている場合です。

このような条件の下では、外からやって来る危機はその通貨圏内のすべての国々に同じ衝撃を与えますから、同じ一つの政策を持って対処できますし、自分さえ良ければ型の抜け駆け行動も必要ありませんから、足並みの乱れが状況をさらに悪化させるという問題も生じません。

言い換えれば、**そこまで経済実態の平準化が進んでいなければ、通貨統合はやるべきではない**ということでもあります。

そのような条件が整う前に見切り発車してしまったのが、今日のユーロ圏です。その意味で未熟な単一通貨圏なわけです。未熟者であるにもかかわらず、図体《ずうたい》はいかにも大きい。この組み合わせは脅威です。自己制御力に欠ける大きな子供が病気にかかれば、周りのみんながキリキリ舞いをさせられます。

その意味でも、恐慌ドラマの次のステージでは、ユーロ圏発の衝撃が地球経済を振り回すことになるかもしれません。

それが怖いからこそ、我々は今の時点でＥＵとユーロを巡る成り行きをしっかり把握しておく必要があると思うわけです。

ユーロがなくなる日、世界がなくなる。そんなことになっては大変です。その日はどれだけ近いのか遠いのか。回避できるのか、できないのか。回避するためには、何がどうならなければいけないのか。これらの怖い謎を解いていくべく、次の章で当面のＥＵ事情を点検していきたいと思います。

第2章

何のため、誰のため？

～ユーロを巡る歴史と現実～

★ギリシャ危機勃発

巨大EUロボットを構成する不揃いな部品たちの中には、不揃いながら一本のコイルによって束ねられている顔ぶれが存在します。そのコイルがユーロであり、それによって束ねられている面々がユーロ圏を構成する16カ国です。

彼らは何故、このような束ねの構図に身を委ねることになったのか。ユーロという名の一本のコイルは、巨大ロボットの体内にあって、どのような機能を果たしているのか。ユーロという名のコイルを生み出した歴史はどのようなものだったのか。

本章では、そうしたEUロボットの体内構図とその生い立ちを見ていきます。そこを踏まえることを通じて、EUとユーロ圏が当面する今日的状況の重みと、その地球的な意味を突き止めて行きたいと思う次第です。

ユーロを巡る「これまで」を踏まえる中で、ユーロが呼び寄せてしまうかもしれない「これから」の衝撃の内容を見極めようというわけです。

これが本章の主題ですが、そこに本格的に踏み込む前に、ここで、まさに今、ユーロのコイルでつながれた国々が直面している難問を見ておきましょう。

その難問とは、「ギリシャ問題」です。ギリシャ潰《つぶ》れてユーロが崩れ、ユーロ崩れて世界は再び大混迷。融合と連鎖のグローバル時代においては、そんな将棋倒しが起こらないとも限りません。

★ギリシャ国家破綻？

「我々は第二のアイスランドではない。もちろん、第二のドバイでもない」

ギリシャのパパコンスタンティヌゥ財務大臣がそう言いました。昨年の12月のことです。

政治家が「何々ではない」とか、「何々の恐れはない」と言った時には、要注意です。だいたいにおいて、その「何々」が現実となる可能性が大きい。少なくとも、世の中が圧倒的に「何々になりそうだ」と思っている。

だからこそ、政治家はあえてその「何々」を打ち消す発言をしなければならないわけです。

アイスランドの二の舞いを演じるというのは、要するに**国家破綻《はたん》状況に追い込まれる**ということです。リーマンショックの煽《あお》りを受けて、北極圏の極小国、「アイスランド」がIMF（国際通貨基金）の管理下に入りました。一年余り前のことです。金融立国の夢破れての顛末《てんまつ》でした。

ドバイの場合は、政府系持ち株会社、ドバイ・ワールドが債務返済の一時凍結を債権者に要請しました。お隣のお兄さん国、「アブダビ」が資金援助に乗り出したことで、ひとまずはパニックが鎮静した格好になっていますが、まだまだ、最終決着がどうなるかは分かりません。

そうこうするうちに、ギリシャ問題が噴出したのです。対GDP比で6～8％だと言っていた財政赤字が、実は12・7％になりそうだったことが判明しました。6～8％でも、相当にひどい財政状況です。

ところが、そのひどい数字さえ、ずさんさからか、粉飾によってか、いずれにせよ、全く実態を反映していなかったということなのです。これでは、第二のドバイ、第二のアイスランド説を必死で財務大臣が火消しに回らなければいけないのも、当然です。

なぜ、ギリシャはこのような窮地に追い込まれたのか。要因は二つあります。

その一つは、いうまでもなく**リーマンショック対応**です。ご多分にもれず、ギリシャもこの問題の煽りで失業者が増え、その救済のための財政負担が大きく膨らんでいます。

しかも、ギリシャの二大得意分野が海運と観光です。**海運業ほど、世界の景況、とくに世界貿易の伸びに左右される業界はありません。**飯のタネであるその世界貿易が、リーマンショック後は大きく落ち込みました。世界的な生産の落ち込みがその主因ですが、それに加えて、各国が保護主義に走って輸入を抑え込んだことも、世界貿易の低迷を深化させました。

観光については、多くを言うまでもありません。世界的な大不況のさなかに、いかにエーゲ海が奇麗で古代ギリシャの神殿が神々しくても、観光の客足が落ち込むのは避けがたいところです。

　こうして海運と観光立国のギリシャが手痛い打撃を受けたことは間違いありません。ですが、それだけではありません。

　ギリシャの財政は、仮にリーマンショックがなくても、かなりの危険領域に達する状況にありました。彼らの公的債務残高は対GDPで113%に達しているのです。リーマンショックの効果だけで、一夜にしてこうはなりません。より構造的な問題があるのです。そこに絡んで来るのが、実は**「ユーロ問題」**なのです。

★ギリシャ悲劇の背後にユーロあり

　ギリシャがユーロを導入した当初、ギリシャと同じユーロ圏参加国のドイツとの間には、国債の利回りに10%以上の開きがありました。それだけ国としての信用力に格差があったということです。

ドイツ政府に対してなら、４％の金利でもカネを貸してあげていい。だが、ギリシャ政府が相手となれば、15％くらいの金利はもらわないと、とてもカネを貸す気にはならない。両国の間にはそれだけの信認格差があったのです。

ところが、ユーロを導入したことで、ギリシャ国債の利回りは急速に低下し、ドイツの水準に収れんして行きました。なぜ、そうなったのか。

要するに、ギリシャもドイツも、同じユーロ建てで国債を発行するようになったからです。これは、いうならば一種の七光り効果です。同じ一人の人間でも、勤務先が有名な優良企業か、名無しの駆け出し企業かでは、相手の扱いが違います。だからこそ、詐欺師は有名企業の名を騙《かた》って人を騙《だま》したりするわけです。

もっとも、ギリシャの場合には、何も、ドイツの名前を騙って国債を発行したりしたわけではありません。要は、ドイツと同じ通貨圏に入ったということで、投資家のギリシャを見る目が変わったということです。それはなぜか。理由は二つあります。

第一に、そもそも、ユーロ圏に入るには、財政赤字やインフレ率などについて、資格要件があります。財政規律を守れず、慢性的にインフレ率が高いような国はユーロ圏に入れない。その大原則がありました。

ギリシャの場合にも、少々、多めに見てもらった面はありますが、何とか、この条件をクリアしたからこそ、ユーロ圏に入れたわけです。その点を投資家たちもひとまずは評価しました。

さらには、引き続きユーロ圏内にとどまりたいのであれば、ギリシャも経済的なお行儀の良さを保つよう継続的に努力するだろうし、それについては、さだめし、誰かからも節度の鬼とみなされているドイツをお手本にするだろう、という発想が働いたというわけです。

投資家たちの対ギリシャ判断が変わった第二の理由は、ユーロ圏の仲間たちによる支援への期待感です。仮に、ギリシャが想定されたような経済体質の改善を実現出来ず、債務不履行に陥ってしまっても、同じユーロ圏の一員だということになれば、他の加盟国たちが支援に乗り出すに違いない。この思惑がギリシャ国債への評価の格上げにつながったのです。

借金を返す甲斐性《かいしょう》のなさそうな相手でも、突如として金持ちの親戚《しんせき》がたくさん出現したとなれば、カネを貸す側の判断も変わって来るというものです。

★ただ乗りほど怖いものはない

かくして、**ギリシャ政府は、従来は思ってもみなかったような好条件で借金が出来るようになりました。**これが災いの元だったのです。せっかく、ドイツのようなシッカリ者と同じクラブの一員となれたのですから、そこでユーロ・クラブのメンバーにふさわしい経済の構築に励んでしかるべきところでした。

ところが、七光り効果で低利融資にありつけるようになったのを良いことに、借金依存型の経済成長を追求する方向に走ってしまった。その結果、インフレ体質が根を下ろし、赤字財政が慢性化することになってしまったのです。

行き着くところが今日の状況です。七光り効果のメッキがはげ落ち、残るは借金ばかりなりというわけです。ユーロ圏入りで、低利融資へのアクセスにいわばただ乗りしたギリシャでしたが、事ここに至って、さぞかし、ただ乗りの怖さを噛みしめていることでしょう。

★救済か？切り捨てか？…苦悶するユーロ圏

かくして、辛い日々を迎えたギリシャですが、この問題はユーロ圏全体にとっても大問題です。投資家たちが期待した通りにギリシャ支援に乗り出すのか。それとも、身から出た錆《さび》には自ら責任を持てということで、突き放すのか。この点を巡って、目下まさに侃々諤々《かんかんがくがく》の議論が進行中です。

くしくも、「手土産持参のギリシャ人にはご用心」という言い方があります。ヨーロッパの古い格言です。

ここでいう手土産は、ご存じ、「トロイの木馬」を指しています。トロイの王子、パリスに誘拐された王妃ヘレナを、ギリシャ人たちが取り戻しに行く。難攻不落のトロイを攻めあぐねた彼らは、苦肉の策で敵陣に木馬を送り込みます。巨大な手土産の中に潜んだギリシャ軍は、ついに悲願達成に至るのです。

以来、手土産つきのギリシャ人には、欧州全土が警戒心を抱くようになったというわけです。

そのギリシャ人たちが、今、財政赤字という名の怖い手土産をＥＵの仲間の前にぶら下げている。これは木馬ならぬ時限爆弾です。爆発すれば、ギリシャの国家破綻は免れません。

ですが、問題はむしろそこから先です。このギリシャ悲劇は、どこまでＥＵの同胞たちを道連れにすることになるのか。そこが、手土産を渡されてしまった方を戦々恐々とさせています。その意味で、これは一種の経済的自爆テロだとさえ言えるでしょう。

ギリシャ政府が借金を返せないとなれば、ギリシャ国債を大量に保有している他のＥＵ諸国も危機に陥ることになります。そんなドミノ現象がＥＵ内に広まれば、大事です。ユーロが暴落することは間違いありません。それが嫌なら、ギリシャをユーロ圏から追放するしかない。

しかしながら、追放すれば、統合欧州の結束力が大いに傷つきます。いざという時に見捨てられるなら、何も、窮屈な思いをしてEUクラブのメンバーになっている必要はない。加盟各国の人々がそのように思い始めたら、統合欧州は自壊です。

さりとて、みんなでギリシャを支援すればいいというものでもありません。不心得者の倒産を、国民の血税を使って回避するのか。そんなモラルハザードを許していいのか。そうした声が高まるのは当然です。そんなことに付き合わされるなら、統合欧州に価値はない。そう人々が考えれば、これまたEU崩壊につながってしまいます。

救うも地獄、見捨てるも地獄。どっちに転んでも、悲劇的結末が待ち受けている。苦悶《くもん》の中で、**EUはギリシャに財政再建計画を出させて、ひとまず、それを承認しました。**さしあたり、2010年内に財政赤字の対GDP比を4ポイント下げることが目標です。目標達成の目途が立てば、一定の支援措置を施すことになっています。

今後の成り行きが注目されるところですが、実を言えば、ギリシャの後には、手土産持参組がまだまだほかにも控えているのです。

まずは、**ポルトガル、アイルランド、スペイン**の3人組が揃い踏み状態です。この3人組の頭文字のPとIとSに、ギリシャのGを加えて**「PIGS」**という言い方が流行《はや》り出しました。

「PIGS」とは、つまり豚たちです。借金を返せず、豚箱入りする４人衆というところでしょうか。ギリシャを救えば、ＰＩＧＳの他の面々も、救わないわけにはいきません。

ですが、みんなを救えば、ＥＵに財政節度の管理能力なしとみられて、ユーロが世界から見捨てられることになってしまうでしょう。どこまで行っても、出口なしです。誠にもって、ギリシャ人の手土産ほど怖いものはないということです。

★静寂のオアシスを求めて

さて、ここで本題に立ち戻りましょう。「ＰＩＧＳ」に振り回される統合欧州の苦悶は誠に深刻です。こんな労苦をもたらすユーロを、欧州人たちはそもそもなぜ、導入したのか。それを考えて行きたいと思います。結論的に言えば、答えは二つです。第一にアメリカ要因、そして第二に統一ドイツ要因です。

まずは、アメリカ要因について見て行きましょう。

プロローグで、「ユーロ圏は静寂のオアシス」というドイセンベルグ初代ＥＣＢ総裁の言葉を紹介しました。この言葉の中にこそ、ユーロ誕生につながったアメリカ要因のすべてが表れていると言っていいでしょう。

そもそもの事の起こりは、１９７１年8月15日の出来事です。この日、アメリカはドルの金交換停止を宣言しました。これが世にいう**「ニクソンショック」**です。それまでの米ドルは、１オンス＝35ドルという固定価格で金と交換可能な通貨でした。何時、誰がどこからアメリカにドルを持ち込んで来て、このドルを金に換えてくれと言っても、アメリカの通貨当局は無条件に1オンス＝35ドルの交換比率でその要求に応じてくれる。ニクソンショックが起こるまでのドルは、そういう通貨でした。

この特性を有していればこそ、ドルは通貨の王様として世界に君臨することが出来たのです。

そのようなドルに対して、他の国々の通貨を固定された為替相場で結びつける。そのようにして出来上がったのが、戦後のいわゆるブレトンウッズ体制でした。

ところが、時がたつとともに、この通貨体制はアメリカにとって荷が重いものとなって行きました。日本やヨーロッパの戦後復興が進み、世界中がアメリカの経済力に依存し、世界中がドルを欲しがるという構図が崩れ始めたからです。**ドルを欲しがるどころか、世界中が手持ちのドルを金に換えたがる。**次第にそのような状況になって行きました。

ついには、アメリカ自身が、世界中から殺到する金請求に応じられないと判断する日が来ました。それが１９７１年8月15日だったわけです。

金とドルとの結びつきを断つというのは、体面という観点からはアメリカにとって大いなる屈辱ではありました。半面、実態的にはすっかり楽になりました。

なぜならいつ何時、金との交換を要求されるかもしれないという心配から解放されて、いくらでもドルを刷ることが出来るようになったからです。

かくして、１９７０年代のアメリカは伸び伸びとインフレ的な経済拡張政策を追求するようになりました。そして、それに伴うドル相場の不安定化が世界を悩まし、振り回すことになったのです。

こうした**アメリカの無責任な通貨政策からヨーロッパを守りたい。**ドル相場の行方に関して、われ関せずを決め込むアメリカの通貨無責任姿勢から、統合欧州を隔離したい。まさしく、通貨的な「静寂のオアシス」をつくりたい。この悲願がヨーロッパを通貨統合の方向へと駆り立てた一つの要因だったのです。

★「ベルリンの壁」崩壊

ユーロ誕生につながった第二の要因がドイツ要因です。

これは、「ベルリンの壁」要因と言い換えてもいいでしょう。

1989年にベルリンの壁が倒れて、翌年の1990年に統一ドイツが発足したことは周知の通りです。この統一ドイツを一人歩きさせたくない。物言わぬ経済大国だった西ドイツが、政治的に我が道を行く統一ドイツとなり、東欧に向かって勢力圏を拡張していくようなことになっては大変だ。この危機意識が、単一通貨導入に関する欧州各国のためらいを払拭《ふっしょく》する効果を持ちました。

とりわけ、フランスについて然《しか》りでした。それまでは、通貨主権の放棄をとても嫌がっていたフランスでした。ところが、統一ドイツを統合欧州の中に封じ込めておくために役に立つとなれば、通貨主権もどこへやら。急きょ、通貨統合推進派に転じることになったのです。

そもそも、統一ドイツ問題が出現するまでは、単一通貨導入に至る手順を経済統合先行型で行くのか、通貨統合先行型で行くのかということについて、欧州諸国の間で大論戦が繰り広げられていました。

経済通貨統合のためには、まず経済統合を先に行わなくてはならないという経済先行派。通貨を統合してしまえば半強制的に経済実態は一つに収れんしていくと主張する通貨先行派。あの時点でのベルリンの壁崩壊がなければ、この両者は今なお、侃々諤々の議論を続けているかもしれません。

言い換えれば、ユーロは決してそのための経済的条件が整ったから誕生したわけではなかったということです。**統一ドイツの封じ込めという極めて政治的な要請が、欧**

州単一通貨の誕生をもたらした。そういうことだったのです。

理屈として考えれば、経済統合先行派の主張がもっともです。国々の経済実態が収れんし、いずれの国も似通った経済体質をもつような状態が整ってくれば、一つの通貨を共有するのも合理的です。

ところが、ユーロ圏はそれを待つことなく、政治的な懸念と思惑が先行する中で誕生してしまいました。そのことのツケが、今、ギリシャ問題、ＰＩＧＳ問題としてユーロ・クラブのメンバーたちの上に重くのしかかって来ているわけです。

★800年の確執

なぜ、統一ドイツ問題はそこまで大きな問題だったのか。経済的条件が整っていないのに、通貨統合に強引に踏み切る。そこまで、この問題が欧州人たちを焦らせたのはなぜなのか。これを考えるには、ＥＵ発足の原点に立ち戻る必要があります。

ＥＵの出発点となった欧州石炭鉄鋼共同体の発足には、ドイツとフランスの、第二次世界大戦にいたるまでの歴史的対立の解消というテーマが隠されていました。

　そこには、**悲惨きわまりない歴史を繰り返さないために、ドイツとフランスを一つの共同体という枠組みの中に封印し、ヨーロッパで二度と戦争を起こさないようにする**という意図がありました。

　ドイツとフランスには、およそ８００年にわたっていがみ合い、戦争を繰り返してきたという過去があります。ところが、ＥＵ成立にいたるプロセスでは、両者が「独仏枢軸」と形容される関係を結び、ＥＵの深化を進める求心力としてたいへんな力を発揮したのです。

　もちろん、ドイツとフランスとの間に、歴史的和解と相互理解が完全成立したというわけではありません。

　簡単に言えば、フランスはドイツが大ドイツ経済圏を形成することを阻み、かつドイツの力を自国の活力として取り込むために、共同体という枠組みを利用したと言えます。

　一方のドイツは、二度とヒトラーのような独裁者を生み出さないよう我が身を縛るために、フランスと手を取り合って共同体構想を推進したのです。

EUの前身であるEC（欧州経済共同体）の成立に際して、フランスのド・ゴール大統領とドイツのアデナウアー首相がしっかりと抱き合い、互いを祝福するという歴史の一コマがありました。

あれほどいがみ合ってきた両国が心を一つにした瞬間として、歴史上の名場面になっています。確かに、その通りの感動的瞬間でした。

ですが、それは同時に同床異夢を抱きながらの政略結婚の構図でもありました。この政略結婚を破談させないことこそ、戦後欧州の大テーマでした。

その重みが、ユーロ誕生の場面においても、強く独仏を突き動かしたのです。

★ユーロはサンドバッグ

かくして、アメリカ要因とドイツ要因が生んだユーロは、結局のところ、どのような性格の通貨に育って来たのでしょうか。

かつて、ユーロ圏が発足するはるか以前、まだユーロという通貨名も決まっていないころ、欧州委員会の金融経済担当委員、イヴ＝ティボー・ドュ・シルギー氏は「私としては、欧州単一通貨が世界の恋人になることを期待している。世界中が欧州単一通貨と恋に落ちて欲しいと思っている」と表明しました。

ドイセンベルグ初代ＥＣＢ総裁の「ユーロ圏は静寂のオアシス」宣言については、既に繰り返し紹介して来た通りです。

いずれも、欧州単一通貨への深い思い入れを良く表した言い方です。ですが、実態はこれらの思い入れとはおよそかけ離れたものになっていると言わざるを得ません。

どちらかといえば、ユーロは「サンドバッグ通貨」の印象が強い通貨です。ボクシングのサンドバッグのように、小突き回されるままに激しく揺れる。そんなイメージです。

ユーロ圏そのものの経済実態や、ユーロという通貨自体への評価とは無関係に、相場が動いてしまう面があります。誕生後、ようやく10年の若い通貨ですから、それもやむを得ない面はあります。

いずれにせよ、世界の恋人通貨の地位に到達するのは、まだまだ、先のこととなりそうです。今のギリシャ問題がこじれて、ギリシャ、あるいはＰＩＧＳの他の面々がユーロ圏を離脱するようなことにでもなれば、世界の恋人としてのランキングはさらに低落することになってしまうでしょう。

ユーロがサンドバッグであるということは、ユーロ圏がサンドバッグ経済圏だということにほかなりません。通貨市場が荒れれば、その動揺がユーロの乱調を通じてそのままユーロ圏の中をかき乱す。そういう力学が働くことになります。

これでは、「静寂のオアシス」どころではありません。１９７０年代の欧州人たちがイメージしたアメリカの通貨無責任姿勢への防波堤役からも、およそかけ離れた状態です。防波堤どころか、波乱を統合欧州に呼び込む引き込み線と化している。それが今のユーロの実態です。

★ジャングル化する単一金融市場

ここで、統合欧州の通貨の側面から、金融の側面に目を転じてみたいと思います。ユーロの命運を左右するのは、ユーロという通貨それ自体の特性ばかりではありません。通貨と金融はカネというものの二つの顔です。ユーロが世界の恋人ランキングでなかなか上位を占められないのも、金融の顔がなかなかうまく整わないからだという側面があります。この点について見ていきましょう。

１９８０年代以来、ＥＵは金融市場の統合を進めて来ました。第１章でシェンゲン協定に触れましたが、シェンゲン協定は、ＥＵ域内における国境を越えた人の移動の自由化に関する協定です。

金融市場を統合するというのは、要するにカネの移動に関するシェンゲン協定づくりだと考えていただければいいでしょう。ＥＵ域内であれば、どこで誰が金融ビジネスを行ってもいい。銀行が支店を出すにも、預金を集めるに当たっても、投資業務を行うに際しても、国境が行動範囲の制約要因にならないということです。

文字通りボーダーレスな汎ＥＵ的巨大金融市場の実現を目指すというビッグ・プロジェクトです。

外に向かっては「静寂のオアシス」、内にあっては「巨大な単一金融市場」。通貨と金融の両方面にわたって底力溢《あふ》れる統合欧州を築き上げる。それが欧州統合の推進者たちの目指すところでした。その狙《ねら》いはよく分かります。金融市場の統合は、欧州の金融機関たちに自国市場という名の小さな動物園を飛び出して、雄大なサバンナで勇躍するチャンスをもたらしてくれました。

ただ、そのことは、とりもなおさず、欧州の金融業界にジャングル的なサバイバル競争時代が到来したことを意味していました。

それまでの欧州各国の金融機関は、それぞれの国の風土や慣習にのっとって、自分たちの方針と領分を守っていればよかった。

ところが、市場統合によって、棲《す》み分けの境界線が一切消えてなくなってしまったのです。そうなれば、もうのんびりしてはいられません。生き残りと勝ち残りを賭《か》けて、欧州の金融機関たちはアグレッシブな競争に乗り出すことになりました。生存競争の激しさは、またたく間に、金融自由化先進国のアメリカを凌《しの》ぐ状態に達したのです。

そうした中で、競争力に満ちた筋肉質の金融ビジネスが育っていくのは結構なことです。しかしながら、今日の欧州単一金融市場においては、むしろ、なりふり構わぬサバイバル合戦が金融機関から節度を奪い、リスク管理をないがしろにした行動に拍車をかけている。それが実情です。

しかも、後述するように、そのような状態に歯止めをかけるための統一的な規制・監督体制が存在しません。金融市場は統合したのに、金融行政は各国バラバラ。これでは、せっかくの欧州単一金融市場も、なかなか、世界を魅了する金融の顔を整えることが出来ません。

加えて、もう一つ、このサバイバル競争をより激しいものにした要因があります。それが、東欧要因です。

１９９０年代に相次いで東欧諸国という経済フロンティアが拓《ひら》けました。そのことによって、資金需要ラッシュが起こり、統合欧州の金融激戦はよりいっそう過熱することになりました。世界の主要金融機関、わけてもヨーロッパの金融機関は、競争を勝ち抜いて、めざましい経済成長を遂げる東欧の果実を一つでも多く手に入れるために、リスク管理に対する目配りをさらにどんどん犠牲にして行ったのです。

こうして、ヨーロッパの金融機関は、アメリカの金融機関よりもはるかにリスクを度外視し、はるかにレバレッジの度合いを高め続けなければ生きていけない状況に追いやられて行きました。

いみじくも、そのようなジャングル的状況がどんどん深まっていく最中に、2008年秋のリーマンショックがやって来たのです。衝撃の度合いが震源地のアメリカを上回るものになったのも当然でした。

★EUは羊頭狗肉が求心力

通貨統合は経済的条件が整わないままに発足しました。単一金融市場は統合欧州における金融の暴走とリスクの高まりを煽り立りてて止まない。このような有り様の問題性を、統合欧州の為政者たちはどう見ているのでしょうか。実は、この疑問こそ、EUが抱える矛盾の中心に迫るための「とば口」です。

ＥＵの通貨政策や金融行政の責任者たちが、経済実態の収れんなき単一通貨化と単一行政なき単一金融市場に内在するリスクに気づいていなかったわけはありません。そのリスクをコントロールするためには、加盟国が一致協力することが必要であることも論を待ちません。

大きな波乱が生じるような場合にも、各国が従うべき統一ルールが用意されていれば、事態の収拾も迅速に進むでしょう。統一ルールがいやなら、通貨も統合せず、金融市場も統合しないで、各国各様に動けばいい。統合は進めたい。されど、統一ルールのお仕着せは嫌だ。この相いれない二つの思いをいずれも手放そうとしないために、いたずらに混乱が深まる。そうした場面も、ＥＵはこれまでも繰り返し体験して来ました。

統合しながら、団結はしない。このいわば名を取って実を捨てるようなやり方は、統合欧州の一つの知恵だと言えないこともありません。

形としては統合体の姿を取りながら、国々の自決権へのこだわりは押しつぶさない。本音バラバラ、建前団結。この形を取っているからこそ、通貨統合も金融統合もなんとか格好がついている。それが統合欧州の本質だといっても過言ではありません。

現に、単一通貨と単一金融市場をつくったにもかかわらず、**EUには一元的な財政政策というものがありません。**

一般的に言えば、一つの通貨と一つの金融市場を共有する共同体が一つの財政を持たないというのは、奇異な話です。金融政策はECBが一元的に執り行っているのに、財政政策は国の数だけある。これでは、統一的な経済運営も、もとより不可能です。

ところが、「財政を一つに統合しましょう」という議論になった時に、「では、そうしましょう」と賛成する加盟国は、実際、一つとしてありません。

もし、そうした議論が俎上《そじょう》に載れば、なぜEUのために我が国の税収を差し出す仕組みをつくらなければならないのかと、たいへんな反対論が沸き起こることでしょう。

金融監督についても同様です。統合された金融市場に対しては、統一ルールと一元的な管理・監督が適用されて当然です。

しかしながら、単一金融市場は今なお、そのような実態をもつに至っていません。リーマンショック後の混迷の中で、ようやく、その方向で議論が進み、専門家たちによる新たな金融制度の構想も打ち出されはしました。しかしながら、その具体化に関しては、各国とも依然として重い腰が上がりません。

こうして、あくまでも羊頭狗肉《くにく》を貫いておかないと、統合の枠組みを保てない。肝心なところに踏み込まないからこそ、統合体としての建前を維持できる。それがＥＵの最もＥＵらしい特徴なのです。

★お飾りのＥＵ大統領

ＥＵのこのような特性は、統合のプロセスのあちこちで顔をのぞかせてきました。たとえば、２００９年12月１日にリスボン条約が発効し、ＥＵに「大統領」が生まれましたが、これもその典型です。

大統領と言えば、最高責任者です。ＥＵに大統領が誕生したと聞けば、いよいよ政治統合へのカウントダウンが始まったのかと考えて不思議はありません。

ところが、「大統領」というのは名称だけのことで、実際の役割は、欧州首脳会議の常任議長です。これまでは、欧州首脳会議の議長は半年任期の輪番制だったのですが、リスボン条約の発効とともにそれを常任議長として選出し、そのポストに「大統領」という名称をつけたのです。しかも、常任とはいいながら、任期はわずか2年です。

それでも、わざわざ大統領という名称にしたのだから、大きな権限を持つポストに違いないと考えるのが普通です。

しかし、**EU大統領には、オバマ大統領のように大きな政策方針を決める権限はありません。**まさに、名ばかりの大統領です。

EU加盟国はそれぞれに国家主権を保持しています。各国の施政方針は各国が決めます。そして、国家の枠を超える問題については、サミット会議などの政府間協議で合意を図ります。この仕組みはEU大統領が誕生しても全く変わってはいません。

その意味で、EUの実態は基本的に政府間協定なのだと言ってもいいでしょう。一人の大統領の下に結集した人々の共同体であるかの姿を示しながら、その実、すべては対等な主権を持つ国々による協議と議決によって決まるのです。

これでどこが大統領なのかと言いたくなりますが、この実態なき大統領職をつくり出すやり方こそ、名を取って実を捨てるＥＵ方式の真骨頂です。まさしく、形式だけで内実をともなわない「大統領」にしておかなければ、誰もそういうポストをつくることに賛成はしないのです。

つまり、「大統領という役職を一応は設けますけども、皆様は好きなようにおやりください。今まで通り、とくに変わりはありませんよ」という形でやらないと、各国の抵抗が強すぎて前に進めないのです。

仮に、ＥＵ大統領を誕生させることによって、加盟国の元首たちを地方自治体の首長のような立場に置く方向性が打ち出されていれば、ＥＵ大統領を掲げることにゴーサインを出す国は一つもなかったはずです。

ということは、さかのぼってみると、主権放棄を明文化するような形では誰もリスボン条約を批准しなかったということにほかなりません。それではＥＵの統合が足踏みしてしまうため、形だけ整えて、逃げを打ったわけです。

★ギリシャ悲劇で試される羊頭狗肉の神通力

羊頭狗肉の不可思議な神通力で、とにもかくにも、ＥＵはここまでやって来ました。単一通貨ユーロも満10歳となりました。ＥＵ大統領も誕生しました。リーマンショックは恐ろしかったが、それでも、何とか羊頭狗肉で逃げ切れるのではあるまいか。金融制度改革も重要だが、ここは、ひとまず、様子を見ておこう。そんな風に構え始めていたＥＵの首脳たちに対して、今回のギリシャ問題は鋭い試練の矛先を突きつけたと言えるでしょう。

財政政策がユーロ圏あるいはＥＵ全体として一元化されていれば、ギリシャが今回のような怖い手土産を同胞たちに押しつけることもなかったわけです。一元財政は無理としても、財政節度をより強く要求するための枠組みが用意されていれば、ここまで事態が悪化することはなかったかもしれません。

ユーロ圏全体としての安泰を揺るがすところまで、ギリシャの放漫財政が放置されたところに、統合欧州の統合体としての実態のなさが表れていたとも言えるでしょう。

そもそも、羊頭狗肉は基本的に政治の論理です。いつまでも、この政治のロジックで経済を動かそうとしていると、必ず実体的な矛盾が出てきます。

ユーロは結局のところ何のため、誰のためのものなのか。それがここに来て改めて問われていると言えるでしょう。ドイツ封じ込めの政治の論理。統合欧州の内的求心力を強めるために、アメリカ要因を外圧として用いるやり方。

いずれも、やはりどこかに無理がある。経済の力学によって、なるべくしてなった通貨統合ではないために、そこには、どうしても矛盾と歪《ひず》みがつきまとう。この矛盾と歪みの圧力が、ギリシャ問題というマグマを吹き上げました。

次はどんな難問が噴出するのか。目が離せない欧州情勢です。

第3章

なぜ、どうして？

～リーマンショック前後にEUで起こったこと～

前章で見たＥＵの羊頭狗肉行動は、経済社会の安定期にはそれなりにうまく機能します。各国が各様に振る舞っても、全体的な環境が安定していれば、さして差し障りが生じないからです。

ところが、一朝有事には本質的なところでの結束力の弱さが事態の収拾を妨げます。誰もが勝手に自国の利益追求に走るからです。

その結果、結局はお互いにお互いの首を絞めることになり、事態は沈静に向かうどころか、かえって波紋が大きく広がってしまうのです。この問題を天下にはっきり示したのが、リーマンショック後におけるＥＵ各国の対応と右往左往ぶりでした。

★アイルランドの抜け駆け

リーマンショック後のＥＵで起こった大問題が加盟国同士の「抜け駆け合戦」でした。その一つの典型的な事例が、**アイルランドが一方的に国内の預金を全額保護すると発表**したことでしょう。

第3章　★なぜ、どうして？
～リーマンショック前後にＥＵで起こったこと～

２００8年末、世界が信用不安に揺れるさなか、国民が預金を引き出しに金融機関に殺到することの恐怖に慄《おのの》いたアイルランド政府は、慌てふためいてこの決定を下しました。一見すると、このアイルランドの決断は、金融危機を沈静化する有効な手段であるかのように思えるかもしれません。

確かに、アイルランドで取り付け騒ぎが起こってしまえば、国内の金融機関はバタバタと破綻し始めます。すると、それが震源になって、ヨーロッパにいっそうの信用収縮が起こります。

そうなれば、一瞬にしてＥＵの主要金融機関が揺れ始め、世界規模で金融のメルトダウンを引き起こすかもしれません。そうならないための予防措置を講じたのだ、というのがアイルランドの言い分でした。一見、もっともらしくはあります。

しかし、この理屈とＥＵの単一金融市場の実態を突き合わせてみると、そこに大問題があることが分かって来ます。アイルランドが国内金融機関の預金全額保護を決定した結果、まずは、イギリスの金融機関からアイルランドの銀行に、大口の預金が一気に流れていきました。

不安にさいなまれる預金者としては、全額保護されるところに預金を移したいに決まっています。インターネットの操作一つで預金をいくらでも移動することが可能な時代ですから、預金者がすぐさま行動に移って当然です。

そのため、**イギリスの金融機関は、預金の大量流出という異常事態に陥り、資金が干上がって破綻**する恐れが生じることになりました。

アイルランドによる預金全額保護の決定が、隣国イギリスで取り付け騒ぎを引き起こす。ここが単一金融市場の怖いところです。まさしく、市場は統合されているのに、金融行政が一元化されていないから、こういうことになってしまう。

これほど、欧州単一金融市場の問題点が鮮烈に顕在化したケースも稀《まれ》でしょう。この金融連鎖の危険性をアイルランド当局が知らなかったわけはありません。それを承知で我が身かわいさを優先させる。

そこに、前章で見た羊頭狗肉の行き詰まりが良く表れていました。

★負の連鎖

危機に際してのＥＵ諸国の「自分さえよければ」行動は、決してアイルランドの抜け駆けだけにとどまりませんでした。

はじめはアイルランドの抜け駆けを批判的に見ていたドイツにしても、その後、やはり**国内金融機関の預金全額保護**を決定しました。人の行動を非難しながら、結局は寸分たがわない抜け駆け行動に走ったわけです。

このことによって、当然、預金全額保護をしていないほかのＥＵ加盟国は、**ネット預金者たちのワンクリック操作による資金流出に見舞われ慌てふためくこと**になりました。

抜け駆けが一つ明らかになるたびに、ＥＵはいつどの国で火の手が上がってもおかしくない混迷の度合いを強めていきました。単一通貨、単一金融市場とはいいながら、金融主権は加盟各国が持っているわけですから、ＥＵの権限で預金全額保護をやめさせるわけにもいきません。

ボーダーレスな市場をつくり、それを成長の核にしてきたはずのＥＵでありながら、問題が発生すると途端に我が身かわいさの「ボーダーフル」な対応をとり始めるところが、先に述べた羊頭狗肉の大きな限界です。

少なくともアメリカでは、このようなことは起こりません。アメリカにおいても、州ごとに、勝手にそうした対応をとろうとする力は働いたかもしれませんが、金融機関は単一の金融行政のもとに置かれているため、我が州の銀行だけを保護するという話は通らないわけです。

ところが、ＥＵでは国ごとに金融行政を行っているため、全体で見れば整合性のない政策でも、一方的に決定すればできてしまいます。

加盟国による、こうした我が身かわいさの対応は、金融危機の二次災害、三次災害をもたらします。先のイギリスの例で言えば、預金を移せなかった人たちが金融機関の破綻によって多大な損失を被り、それが社会不安につながり、さらに信用収縮が進み、結果として金融危機が増幅するという連鎖が起こることになりました。

金融行政が一つに集約されていないことが、抜け駆けによる負の連鎖を引き起こすわけですが、その力学が分かっていながら、それでも加盟国たちは金融主権を奪われることを潔しとしない。結局、誰もそこに手をつけようとはしないまま、今日に至っているのです。

★汎ＥＵニューディール構想

こうした国々の「自分さえよければ」行動と、それがもたらす集団無責任体制は、その後の経済混乱のなかで、より鮮明になっていきました。

金融危機の実体経済への影響が思いのほか深いことが判明した２００８年末ごろ、その落ち込みをカバーする手段として、汎ＥＵニューディール構想が持ち上がったことがあります。

当時、すでにＥＵの自動車産業にも操業停止の波が押し寄せ、企業倒産や工場閉鎖による大量の失業者が生み出されていました。そこで、欧州委員会において、各国が協調して汎EUニューディール政策を打ち出すことが協議されました。簡単に言えば、EUがEU債を発行して資金調達し、失業対策としての公共事業を行って、EUワイドな鉄道網やIT網を整備するという内容です。

実は、全EU的な観点から鉄道網やIT網を整備するというのは、折にふれ出てくる話です。

各国の経済的な条件を均質化させるためには、EUワイドな社会インフラ整備が確かに有効でしょう。むしろ、今まで全EU的な社会インフラ整備を大規模に行ってこなかったことの方が不思議なくらいです。

それがなぜ、今日まで行われていないのかと言えば、結局、それぞれの加盟国が、EUのためにカネを拠出したくない、どうせやるのであれば自分の国だけで使いたい、と考えるからです。

陸続きの彼らは、単一通貨、単一金融市場がもたらす恩恵は自分のものにしますが、それで儲《もう》かったカネをEUのために使うという発想はなかなか受け入れません。これがまさに「自分さえよければ」主義なわけですが、それだけではありません。このことは、彼らにとって、なかなか越えられない重要な一線でもあるのです。

なぜなら、もし全ＥＵ的にカネを使うということに踏み出せば、そのことによって加盟各国の財政主権の一角が崩れ、財政の一元化に道を開く恐れが出てきます。

そして、財政の一元化に踏み出すことは、国家主権にかかわってくる大問題です。もしも財政をＥＵに委ねることになれば、政治の中心もＥＵに移らざるをえません。

そこで、彼らとすれば、ＥＵワイドなインフラ整備というもっともらしい名目によって、なし崩し的にその道をこじ開けられてはたまらないという論理が働くわけです。

このとき、欧州委員会で汎ＥＵニューディール構想が協議されたということは、今回は金融危機なのだから各国の協調体制に期待できるという読みがあったのかもしれません。しかし、これほど各加盟国の実体経済が悪化し、失業が急増しているにもかかわらず、この構想は結局、すぐに沙汰《さた》やみになりました。

この期に及んでも、なお我が身かわいさを最優先する加盟国の姿が、この一件から改めて浮き彫りになったのです。

★スペインのワインを買おう

その後、経済刺激策は加盟国が独自の判断で行うことになりますが、そのことが、各国が**経済ナショナリズム**を強めていくことへの口火を切る作用をもたらしました。

たとえば、スペイン国内では「スペインのワインを買いましょう」に始まり、何かにつけスペインの製品を愛用するよう当局のアナウンスが流れました。

イギリスのブラウン首相も「バイ・ブリティッシュ」を口にしています。

さらに、フランス、ドイツをはじめ、いずれの国も自国製品の購入を優先させるための呼びかけを行うようになっていきました。

また、フランスでは、サルコジ大統領が自動車メーカーの操業停止に際して、「同じ工場を閉めるなら、フランスの工場ではなく、東欧の工場を閉めるべきだ」と発言する一幕もありました。

ギリシャでは、銀行に資本注入をする代わりに、その資金を基盤に行う貸し出しはギリシャ企業に限るべしとして、露骨な自国企業優先主義の行政指導も行われています。

ＥＵ加盟国はこうした愛国消費、愛国金融の傾向を強めて来ました。それに加えて、雇用を巡るナショナリズムも顕著な高まりを見せてきました。あからさまだったのはスペインで、なんと「帰国を希望する失業移民には航空チケットを用意する」とアナウンスしたのです。

ここまで露骨ではないにしろ、いずれの国においても、改善の兆しがみえない雇用環境のなか、移民労働者に対する差別が横行するようになっています。行き場を失った失業移民たちが犯罪を引き起こすという問題も多発するようになりました。そうなればなるほど、外国人排斥が激しくなって来たことは言うまでもありません。

愛国消費、愛国金融、そして愛国雇用に見られる各国の対応は、どう見ても本格的な経済統合を成し遂げた人々の姿ではありません。

そもそもヒト、モノ、カネ、そしてサービスの移動の自由を保障する。というのが欧州単一市場構想です。誰もがその一員であるはずなのに、いざとなれば自分のことしか考えない。そして、自分のことしか考えない度合いが高まれば高まるほど、お互いにお互いを窮地に追い込んでいく。なまじ、統合体の形をとっているばかりに、抜け駆けや締め出しの波及効果が大きくなってしまう。そんな内部矛盾が日に日に鮮明になってしまう。

それが統合欧州の今日この頃の風景です。

★なぜ、今ここにいるのか？　バブル化をもたらした四つの要因

以上に見た通り、リーマンショック後の展開の中で、ＥＵとユーロ圏は結束なき統合に内在する脆《もろ》さを様々な形で露呈して来ました。逆境の中で仲間割れするその姿には、なかなか悲惨なものがあります。

なぜ、ここまで来てしまったのか。その一つの要因が、先の羊頭狗肉問題というＥＵの構造的特質であるわけですが、経済実態の面にも問題がありました。

リーマンショック発生に至る過程では、欧州経済もアメリカと同様にバブル化して

いたのです。各種の要因があいまって、21世紀の最初の10年が折り返し点を迎える辺りから、バブル化の様相が次第に深まっていきました。

バブル化をもたらした要因は大別すれば、四つありました。**第一に、東欧諸国のＥＵ入り。第二にはＩＴ革命を背景とする一部諸国の金融立国化。第三にＥＵ内の相対的弱小国が享受した補助金ブーム。そして第四にユーロ導入による低金利ただ乗り効果でした。**

★資金は東へ、人々は西へ

東欧諸国がまとまってＥＵ入りしたのが２００４年のことでした。この時には、チェコ、ポーランド、ハンガリー、スロバキアとスロベニア、そしてエストニア・リトアニア・ラトビアのバルト三国がＥＵに加盟しました。

そして、２００７年にはブルガリアとルーマニアも加わりました。

これらの新メンバーを迎え入れる既存加盟国の心境には、複雑なものがありました。相手は、何といってもまだまだ経済改革途上の新興諸国です。何かにつけて助けてやらなければいけないことは目に見えていました。そして、低賃金労働の供給源となることも不可避だと考えられました。

既述のシェンゲン協定に彼らが参加すれば、大挙して出稼ぎ労働者が東から西へと押し寄せることが展望されました。それを恐れて「ポーランド人の配管工にご用心」などという言い方が流行るようになったのです。配管工は低賃金労働の代名詞、ポーランド人は東欧全体を象徴するイメージです。

こうして東欧勢の仲間入りがもたらすマイナス効果が懸念される一方、彼らの加入による成長効果に期待が高まる面もありました。

何しろ、当時の東欧の諸国は、病院や学校などの社会インフラも決して満足には整っていない状況下にあったのです。彼らが計画経済下の制約から解放されて本格的な国づくりに着手するとなれば、それに伴って膨大な建設・投資需要が盛り上がることは間違いありませんでした。

そこに関与していくことが出来るとなれば、既存のＥＵ加盟諸国にとってこれほど有り難いことはありません。そればかりではありません。東欧に生産拠点をもっていけば、土地代にしても人件費にしても、大幅なコストダウンが期待されました。製造業の競争力強化という意味でも、東に向かってのＥＵ拡大は大きな収穫をもたらしてくれることが見込まれました。

かくして、投資資金は既存加盟国から新規加盟国に向かって東へ東へと流れることになったのです。

そうしたカネの流れを後押ししたのが、既存加盟国の金融機関たちでした。前述の通り、彼らは単一金融市場を舞台にかつてなく厳しい競争を強いられるようになっていました。そのような状況の中で、「東欧投資ブーム」という全く新たなビジネスチャンスが出現したのです。

これを彼らが放っておくわけはありません。多種多様な形で東欧関連の投融資事業が盛んに展開されるようになったのです。この東欧ブームがやがては過熱し、大破綻への危険な足場を形成していくことになりました。

こうして西の資金が東に流れる一方で、人々は次第に東から西へと動くようになりました。東欧諸国の人々にとって、外資の進出はむろん雇用機会の拡大につながりました。その限りでは、彼らも西からのカネの東方移動の恩恵に浴したわけです。

しかしながら、そこには思わぬ副作用もありました。賃金水準を巡って、従来とは様変わりした競争原理が働くようになったのです。

結果的に、社会主義時代よりも給料が減ってしまうことにもなりました。社会主義時代には、制度的に定まった生産性に見合わない給料が支払われていたのです。その制度的保障がなくなったとなれば、過大評価だった賃金が下がっていくのは当然でした。

すると、社会主義時代には普通に暮らせていた人々が、一気に生活苦に陥ることになりました。そこで、彼らは西への出稼ぎを考えるようになったのです。

こうして、既存加盟国たちが恐れた「ポーランド人の配管工」の西方移動が現実のものとなったわけです。ただ、皮肉にも、東欧ブームに沸く状態の中では、東からのヒトの大移動が大きな物議をかもすことはありませんでした。

それどころか、東欧からの出稼ぎ労働者は人手不足の格好な解消要因となったのです。ポーランド人の配管工たちは、警戒対象どころか、むしろ金のわらじで追い求める希少財となりました。その経緯は第1章でも見た通りです。

ひとたびブームが去れば、彼らは一転して雇用難民と化す運命にあったわけですが、過熱する景気の中で、誰もそのことに頓着《とんちゃく》することはありませんでした。

★狂い咲くＩＴ金融立国のあだ花

第二のバブル要因となったのが、「ＩＴ」と「金融」のいかにもヨーロッパらしい出合いでした。

その典型が、**リーマンショック後に国家破綻の憂き目を見たアイスランド**です。アイスランドはＥＵに加盟していませんが、実質的には市場統合に近い形でＥＵとの強い経済的つながりをもっています。

ご存じのように、アイスランドは地球の北の最果ての小さな島国です。国土の一部は北極圏にかかっており、その地理的特徴から、かつては経済の6割を漁業と農業が占めるというお国柄でした。

ところが、ＩＴ革命が起こると、世界の中心から最も遠い国と考えられてきたアイスランドに、たいへんな経済発展のチャンスが訪れることになります。ＩＴを駆使すれば、雪と氷に閉ざされた小さな国も、あっという間にリアルタイムで世界の中心とつながることが出来ました。脅威的な環境激変でした。

フィンランドにノキアが生まれ、スウェーデンからエリクソンが出てきたことも、決して偶然ではありません。

北欧の国はＩＴ技術にとりわけ大きな期待を寄せました。ＩＴ技術さえあれば、もはや地理や気候のせいで世界からとり残される不安はありません。そこに気づいた彼らは、ひたすらＩＴ化とデジタル化に努めました。シリコン・バレーならぬＩＴ天国づくり。それが彼らの目指すところでした。

★アイスランドのワンクリック・ビジネス

アイスランドがちょうどＩＴ立国化を実現したところに、今度は金融の自由化とグローバル化の波が押し寄せました。先端的ＩＴ技術と自由でグローバルな金融が結びつくと、そこに生まれたのが**「ワンクリック・バンキング」**でした。

パソコン上のワンクリックで世界中に資金を流し、ワンクリックで世界中の資金を集める。すっかり整備されたアイスランドのＩＴ環境をもってすれば、ワンクリック・バンキングの確立もあっという間のことでした。

かくして、アイスランドは金融業で一躍世界的に脚光を浴びるようになったのです。アイスランドの金融機関は、もとはといえば漁業者や農業者への地場金融が中心業務でした。ところが、グローバル金融が巨額の利益をもたらすと分かった途端、彼らのビジネスモデルは一変しました。

たとえば、アイスランドの自国通貨建てで借金をすると金利が高いため、超低金利の円建てでカネを借りて家を建てる。

そのようなことがごく日常的に行われるようになりました。同時に、例のサブプライム・ローン証券化債券などのような怪しげな金融商品の取引にも手広く手を染めていきました。**地場金融で地道にモノづくりのためのカネ回しを行っていた金融機関**

が、まさにカネ回しのためのカネ回しへと、ビジネスの基盤を大きく変えていったのです。

そうやって大きな利益が出ると、アイスランドでは、今度はそれを使っての土地開発ブームが起こります。住宅価格は年々上昇の一途をたどり、景気は拡大し、それが大幅な雇用増を生み出していく。怖いバブル循環に火がついていくのでした。

★「貧困の島」から「奇跡の島」へ

EUからの補助金を頼りに、経済基盤の飛躍的改善を成し遂げたのがアイルランドです。アイルランドは、花崗岩《かこうがん》に覆われた固い大地の島国です。肥沃《ひよく》な土地はほとんどなく、国土の大半は放牧地、国土の六分の一を占める農地の収量は多くはありません。

かつては、ヨーロッパの中でも最貧国に数えられ、歴史的に見れば、その貧しさゆえに国民がアメリカに移民し、今日のアメリカの基礎をつくったという過去を持っています。

ところが、１９７３年にＥＵの前身であるＥＣ（欧州共同体）に加盟してからは、ＥＣが構造不況地域に与える補助金で経済が潤うようになりました。一時期は、アイルランドのＧＤＰ（国内総生産）の７％程度がＥＵからの補助金だったのです。

このＥＵ資金を使って、インフラの整備を行い、産業を振興し、ひたすら国の基盤づくりに励む。それが統合欧州入り後のアイルランドの姿でした。

こうして社会インフラの整備が進むにつれて、アイルランドは次第に外資による投資先として脚光を浴びるようになりました。１９９０年代を通じては、特にアメリカのＩＴ企業がアイルランドを国外生産拠点に選ぶようになったのです。

いわゆるニューエコノミー・ブームに沸いたアメリカのＩＴ産業にとって、相対的に低賃金で、しかも英語が通じる豊富な労働力が存在し、インフラも整い始めたアイルランドは、格好の生産基地となったのです。

こうした外資流入の急増によって、アイルランドは次第にＧＤＰとの規模がＧＮＰ（国民総生産）を上回るＧＤＰ大国化して行きました。ＧＤＰとは要するに、ある国の国内で生み出された付加価値の合計です。

それに対して、ＧＮＰはアイルランド国民が生み出した付加価値です。ＧＤＰがＧＮＰよりも大きいということは、海外からやって来た生産者たちによる生産活動がそれだけ活発だということです。アイルランド人の頭数は増えなくても、外資が進出して来て生産を開始すれば、それだけ、アイルランドのＧＤＰは増えるというわけです。いわば人のふんどしで相撲を取る格好で経済が成長する構図です。

こうしてめざましい成長を遂げるアイルランドを、人呼んで「エメラルド・タイガー」というようになりました。緑豊かなアイルランドは、従来から「エメラルド・カントリー」と呼ばれていました。その緑の宝石の国が、アジアの新興国にも匹敵する成長力を示すようになったのです。

そこで、それらのアジア新興諸国に与えられた「タイガー・エコノミー」の名称をもじって、アイルランドを「エメラルド・タイガー」と称してもてはやすようになったわけです。

★アクセル全開のツケ

まさに、千里を行って千里を帰る虎の勢いのエメラルド・タイガーだったわけですが、そうなればなるほど、**資産バブル化**の様相も深まって行きました。一獲千金を狙う投資ファンドの資金が流入し、株価が上がり、不動産価格が上がり、ブームがブームを呼ぶ状況になって行ったのです。

そして、ブームが破綻に変わる日が刻一刻と近づいていくのでした。

アイルランドほどではないにせよ、よく似た形でＥＵからの補助金が開発ブームに火をつけた国は少なくありません。スペインやポルトガル、そして、先に見たギリシャがその典型です。

アイルランドを含めたこれらの補助金ブーム諸国こそ、第２章で見たＰＩＧＳ４カ国にほかなりません。エメラルドのトラ転じて、今や豚国家と化してしまったというわけです。

なお、これらの国々の場合には、補助金ブームに加えて、「ユーロ・ブーム」の側面もありました。この点も、見逃すわけにはいきません。

これについては、ギリシャ問題とのかかわりで既に見た通りです。

要するに、ユーロ導入の結果として、低金利で借金が出来るようになった。このユーロ効果を大いに利用して資金を調達し、経済開発をどんどん進める。それで経済的離陸が大いに加速されたわけではありますが、一方で公的債務の残高が増え、民間企業の債務負担も高まることになりました。

北欧のIT金融ブームの場合と同様に、ここにも破綻への伏線が張り巡らされつつあったのです。

★そして今―宴の後のいがみ合い

東欧ブームとその行き過ぎ。IT金融の盛り上がりとその暴走。補助金ブーム転じて資産インフレ。そしてユーロ導入による低金利へのただ乗り効果がもたらした借金体質。これらの要因が三つ巴《どもえ》にも四つ巴にもなって、統合欧州をバブル経済化へと追いやったのでした。

結束はないけれど、統合だけは進んで来たＥＵであればこそ、バブル効果はその津々浦々を急速に巻き込んでいったのです。

金融ビジネスについても、モノの取引についても、ヒトの移動に関しても、ここまで単一市場化が進んでいなければ、バブル効果があそこまで広く深く波及することはなかったでしょう。そこにあるのは、まぎれもなく一蓮托生の世界でした。

それが現実である以上、一朝有事には団結してことに当たらなければ、危機回避はあり得ません。

ところが、そうしたいざという時の団結の核を欠いている。そのような求心力の核の形成を敢《あ》えて避けて来たのが、今日までのＥＵの歩みでした。

緊急時における支え合いと分かち合いのための枠組みをつくって来なかった。それをしようとすることが、多少なりとも存在している協調の絆《きずな》をかえって危うくしてしまう。触らぬ神に祟《たた》りなし。寝た子を起こすは避けたが無難。こうして、どうしても本格的な一体化に踏み込めない。本格的な統合を追求しないことにこそ、統合の体裁を維持するための勘所がある。

このとてつもなく厄介な構図が、ＥＵという名の寄り合い所帯の内なる素顔なのです。

この矛盾に満ちた素顔が、リーマンショック後の展開の中でいわば白日の下にさらされることとなったのです。素顔のＥＵが見せた表情。それが本章の冒頭で見た抜け駆け合戦であり、むき出しの我が身かわいさが先行する彼らの行動でした。狂乱の宴《うたげ》が共生終了を迎えた時、結束なき統合の無理と限界が一気に顕在化したということです。

本格的に統合しないからこそ、統合体としての姿形を保ち続けることが出来る。この発想の究極矛盾が、欧州統合の歩みが始まって以来の経済的危機の中ではっきり見えてしまいました。この現実をＥＵは果たして乗り越えていくことが出来るのか。ここが厳しく問われている。それが現状です。

ギリシャ問題、そしてＰＩＧＳ問題にどう対応できるかが、この厳しい問いかけへの一つの解答になるでしょう。成り行きは全く予断を許しません。

結束なき統合は、ある意味で統合欧州が編み出して来た存続のための良く出来た知

恵でもあることは前述の通りです。

しかしながら、いざという時には、その知恵そのものが最大の弱点に転化してしまう。最大級の試練に直面する統合欧州です。

第4章

解体に向かうか、統合欧州

～建前統合・本音バラバラ、行きつく先は？～

結束なき統合という方便の限界が試される統合欧州は、これからどこに向かおうとしているのでしょう。結束ある統合につながる道はあるのでしょうか。それを発見して、これまでとは違う次元の絆を手に入れることが出来るのでしょうか。

それとも、リーマンショックで恐慌の洗礼を受けてしまったEUには、もはや不揃いなパーツを一つの巨大ロボットの構造の中につなぎ止めておく力が残されていないのか。思わぬ展開によって、思わぬ試練に直面させられているEUです。

この試練には、大別して三つの側面があると言えるでしょう。

第一に金融監督問題です。そして第二に財政統合の成否問題。そして、第三にユーロ圏の求心力問題です。

★欧州金融界のドン

前章でも見た通り、EUには一元化された金融監督体制が存在しません。加盟国の半数以上が単一通貨を共有し、全体として単一金融市場の構築を目指していながら、金融行政には統一的な司令塔がありません。

ユーロ圏の金融政策については、ＥＣＢが司令塔の役割を果たしています。ユーロ圏における政策金利の水準はＥＣＢが決定します。通貨供給量をどうするか、経済的な危機に際してどのような金融政策をもって臨むかというようなテーマについても、ＥＣＢが責任を持ちます。

しかしながら、金融行政ということになると、ユーロ圏においてさえ、一元的な責任体制がありません。各国が独自のやり方で対応してきました。

これが今までの実態でした。しかしながら、ここに来て、汎ＥＵ的な金融監督に関する議論がある程度の進展をみることになりました。

いうまでもなく、リーマンショックとその後の金融混乱を受けてのことです。危機に際して、国々の手前勝手と抜け駆け行動を封じ込めるには、やはり、一元的な金融の規制と監督体制が必要だ。遅ればせながら、ようやく、ＥＵとしてこのテーマと向き合うことになりました。

それを受けての検討を委ねられたのが、「金融監督に関するハイレベル委員会」でした。委員長には、元欧州復興開発銀行（ＥＢＲＤ）総裁のジャック・ドラロジェール氏が就任しました。ドラロジェール氏といえば、欧州金融界の大重鎮です。大物登場で、引き締まった論議の展開が期待されました。

実際に、ドラロジェール委員会が提示した答申も、なかなか野心的な内容のものでした。その内容を概括的にいえば、まず金融、証券、保険の各分野について、それぞれ汎ＥＵ的な監督体制を構築することを提案しています。その上で、これらの分野別監督体制をさらに横断的に管理する包括的監督組織をつくるべし、としています。

思い切った内容であることは、間違いありません。老練な銀行家が打ち出した正統性の強い提言だと言えるでしょう。

しかしながら、この提言に基づいてＥＵの金融改革がどんどん進んでいるかと言えば、現実はそれとは程遠いのが実態です。

なぜ、そうなるのか。結局は、各国が結束なき統合の羊頭狗肉を捨てられないからです。それを見越して、ドラロジェール提案自体も敢えて詳細をあいまいにしている面があります。

しかしながら、それでも、各国は独自の金融行政を手放す方向に踏み出せません。むしろ、リーマンショックの衝撃を体験した今だからこそ、かえって、それを躊躇する思いが強まっていると言えるでしょう。

一見すれば、そのような思いが強まることは不可思議です。今回のような衝撃が統合欧州を震撼させることを防ぎたければ、汎ＥＵ的な権限をもって規制監督を実施できる金融行政組織の構築が急がれる。そのように話が進んで然るべきところです。ところが、不揃いパーツの寄り合い所帯であるＥＵロボットにおいては、そうは問屋が卸さないのです。

★汎ＥＵ的金融監督は無理な注文

今回のような金融激震がもし再発するのであるとすれば、ＥＵ各国にとって、その時に独自の金融監督権限がなくなっていることほど、恐ろしいことはありません。

これは、各国にとって全くの悪夢です。自国の金融機関が次々と取り付け騒ぎに見舞われたり、預金流出が大量に発生したり、人々の金融資産が消滅しようかという時に、手をこまねいて見ているほかはない。ＥＵレベルでの監督機関にすべてを任せるしかない。独自の救済策に乗り出すことが出来ない。そのようなことになっては、各国の政府はその存在意義を根底的に問われることとなってしまいます。

いざという時に、国益を守れない。そのような立場に我が身を置きたくない。そう国々の政府が考えるのは、当然のことです。加盟各国に国民国家としての実態を残すのだとすれば、このハードルを乗り越えて統一的な金融監督体制を構築することは出来ません。

言い換えれば、金融行政を一つにするのであれば、ＥＵそのものが実質的に一つの国家となるしかないわけです。通貨が一つで市場が一つなら、行政もまた一つ。それが整合的な姿です。

ところが、加盟各国としての論理は、むしろ、逆の方向に働きます。通貨が一つで市場が一つだからこそ、その統合された空間で起こることから、各国の国民と国益を守る体制が必要になる。そのために機動的に動ける自由度を確保しておかなければならない。この論法で、通貨と金融の統合が進めば進むほど、各国は独自の金融監督体制を保持することにこだわるようになるのです。

一体化が進めば進むほど、個別性を追求するようになる。これが、不揃いパーツから成るＥＵロボットを突き動かす実に不可思議で特徴的な力学です。

この力学との関係で無理が生じるような仕組みを、ＥＵの中に定着させることは至難の業です。金融監督の一元化問題は、まさにこの力学に真正面から抵触するわけです。立派な答申が出たにもかかわらず、金融改革が進まないのも当然です。

★財政統一はどうか

財政については、どうでしょうか。一つの通貨と一つの金融政策を共有するユーロ圏は、果たして財政面でも統一的な政策実態を持てるようになるのでしょうか。

さらには、ユーロ圏非加盟国を含むＥＵ全体として一つの財政を共有することは可能なのでしょうか。

一つの通貨を共有し、一つの金融市場を持つとなれば、そのような経済圏の中で、複数の財政政策がバラバラに展開されるというのは、明らかにおかしな話です。ＥＵとしても、どうすれば財政統合を実現することが出来るのかというテーマについて、解答を模索して来たことは事実です。

しかしながら、ここでも不揃いパーツから成るロボットは金融行政問題の場合と全く同じジレンマに当面しています。要は、一方で統合が進めば進むほど、その統合の進展自体が、個別対応の必要性を強める方向に働くということです。

これもまた前述の通り、経済社会が順風満帆であるうちは、この力学もさほど強くは働きません。そろそろ、財政統合も結構かという機運さえ、高まる余地も出て来ます。ところが、ひとたび厳しい状況が現出するとなれば、不揃いパーツたちはたちどころに我が身のことしか考えなくなります。ＥＵロボット全体のことは考えない。ロボットそのものが機能不全に陥っても、我が身さえ守れればいい。そのための政策的な自由度さえ確保されていればいい。

さらに言えば、その自由度が担保されていることこそが最優先課題になります。どうしても、この論理が働いてしまうことになります。

むしろ、金融面で統合が進めば進むほど、いざという時にそれに伴う衝撃を少しでも吸収し、緩和できるよう、財政面での自由度は保持しておきたい、強化したい。不揃いパーツたちの発想はそのように動きます。

★忘れられた３％ルール

ユーロ圏には、加盟各国の財政赤字をＧＤＰ比で３％以内に抑えるというルールがあります。一つの財政の実現は難しいとしても、せめて財政規律に関しては統一ルールに従って足並みを揃えようというわけです。

ところが、今やこの３％ルールを守っている国は、ユーロ圏の16カ国について見ても、３カ国しかありません。リーマンショック後の厳しい経済環境の中で、誰もが統合欧州としての統一ルールよりは、自国経済の立て直しを優先しているわけです。

それも当然だと言えるでしょう。特に、問題のギリシャのような状態に陥った場合、3%ルールを守ることは実に大きな負担になります。

前述の通り、ギリシャは他のEU諸国に対して大幅な赤字削減をとりあえず約束しました。しかしながら、これはいかにも厳しい選択です。

経済がここまで傷んでいる時に財政赤字の削減を優先させれば、国内需要はいっそう落ち込み、国民は雇用と所得の減少に直面します。

ギリシャとしては、今はEUからの支援に望みがあるため財政赤字削減に腐心していますが、本音ではもう少し柔軟な財政を行いたいと考えているに違いありません。ユーロ圏として足並みを揃えるためのルールが、ギリシャの手足を縛っているわけです。

破綻に瀕しているから赤字削減もいたし方ないという諦《あきら》めがあったとしても、大胆な拡張財政を展開し、経済を回復させたいと考えるギリシャ政権は苛立《いらだ》ちを感じているに違いありません。緊縮財政によって経済が悪化すれば、国民の支持を失うことは目に見えているからです。

★一つの政府なくして一つの財政なし

財政統合の問題を突き詰めて行けば、結局のところは一つの政府問題に突き当たります。統合欧州が一つの政府を持つことになれば、ギリシャ問題もＥＵ政府の責任事項になります。

ギリシャの財政赤字問題はＥＵ統一財政の赤字問題に転嫁されることになり、ギリシャの政府から悩みの種は消滅することになるわけです。

しかしながら、このような形で財政負担から解放されるからといって、国々は果たして独自の財政権限を放棄することに同意するでしょうか。ギリシャのように背に腹は代えられない状態に追い込まれれば、あるいは、その決断に踏み切るかもしれません。

しかしながら、これはやはり余程のことです。不揃いパーツたちは、そこまでするくらいなら、むしろ、ＥＵロボットのパーツであることをやめる方向を選びそうに思えます。

そもそも、仮に今、ＥＵ政府の統合財政が存在したとして、その体制の下で、果たして本当にギリシャの悩みの種は消えてなくなることになるでしょうか。

ギリシャ国民にとって、自分たちが納めた税金はどこまで自分たちが納得できるように使われるでしょうか。自分たちのお金が納得のいく使われ方をするかどうかわからないのに、得体《えたい》の知れないＥＵ政府に税金を納めるのか。そうした抵抗感は、ギリシャのみならず、ほかの加盟国においても同様に表面化することになるでしょう。

思えば、そもそも、今日の実情はむしろ各国で集権から分権の方向に向かいつつあります。極めて集権性が強かった日本においてさえ、国から地方への財源の移転が進むようになっています。それが実態です。先進諸国の多くが、地域社会の多様な要請にきめ細かく応える方向に政策・制度の舵《かじ》切りを進めています。

そうした中で、統合欧州が汎ＥＵ的な一つの政府と一つの財政を目指すというのは、いささか時代逆行的に見えて来る面があります。

経済実態の均質化が十分に進んでいるのであれば、話はいささか違ってきます。まずは経済実態の収れんが先行し、それに対応して通貨統合も進んで来たというのであれば、一つの財政も確かに視野に入って来るでしょう。

無理なく不揃い感なく、経済通貨統合が実態を持って実現したとなれば、一つの政府の出現とその下における財政政策の一元化も、いたって自然の成り行きでしょう。

しかしながら、ＥＵの実態はこのような姿を呈してはいません。政治の思惑と要請によって、むしろ経済実態の不揃い感を無視した通貨統合が先行。手をつけやすいところから行くということで、金融行政の一元化を棚上げした金融市場の統合が進んだ。財政統合に無理があるため、それに代わるものとして、これまた国々の経済実態の格差を度外視した財政規律に関する３％ルールを一律にお仕着せしました。

このような展開の中で、容易に一つの政府と一つの財政が実現するとは、いかにも考え難いのが実情です。ここでも、またしても統合の力学がむしろ分散の力学を助長することになりそうです。

一方で統合の力学が働けば働くほど、それに対する自己防衛の論理から、分散と独自性保持の力学が逆方向に向かってより強く働くという関係です。政治的な事情から、経済的整合性を無視した手順をごり押ししたことが、今にいたって統合が分散を促すという矛盾を生み出しているわけです。

分散の力学が最終的には解体の力学に転化することにならないか。リーマンショック後の展開で、このパンドラの箱のふたが開くことになるかもしれません。

★ユーロトピア？

ユーロ圏はユートピア。

かつて、この幻想を抱いた国は少なくありませんでした。既存のEU諸国の中では、相対的新興勢の地中海諸国やアイルランドにこの思いが強かった。

そして、2004年以降にEU入りした東欧諸国は、その大多数が「ユーロトピア」への熱き思いに駆られてユーロ圏に加盟出来る日を夢見て来たのでした。

しかしながら、リーマンショックの到来によって、国々のユーロトピア幻想もかなり色あせつつあるのが現状です。

現在、東欧圏でユーロ圏入りを果たしているのは、スロバキアとスロベニアです。そのほかのチェコ、ハンガリー、ルーマニア、ブルガリア、ポーランドの5カ国はユーロ導入のいわば訓練制度である欧州為替相場メカニズムへの参加を検討していましたが、その矢先に金融危機が起こり、それどころではなくなりました。

欧州為替相場メカニズムとは略称ERM（Exchange Rate Mechanism）です。これは一種の固定為替相場制度で、正確にいえば、ERM2ということになります。「2」が入るのは、かつて、ユーロ圏が発足する以前に、その前段階の制度として、既存加盟国の中でERMを実施していたからです。

ユーロ圏成立とともに、このいわば元祖ERMはなくなりましたが、そのバージョン2が、これからの加盟を目指す国々に適用されているというわけです。

また、エストニア、ラトビア、リトアニアのバルト三国はERM2に参加しているものの、いまだユーロ圏入りの基準を満たすことができず、経済的苦境の中、各国がどのような経済の舵取りを行うかに注目が集まっています。

ちなみに、ユーロ圏への加盟を希望する国は、①物価、②財政赤字、③公的債務残高、④金利、⑤為替の五つの項目について一定の条件を満たすことが求められます。それぞれの基準は、以下の通りです。

①過去1年間の消費者物価上昇率が、消費者物価上昇率の最も低いユーロ圏3カ国の平均を1・5％以上上回らないこと。
②財政赤字は、GDP比3％以内であること。
③公的債務残高は、GDP比60％を上回らないこと。
④金利は、過去1年間の長期金利が消費者物価上昇率の最も低いユーロ圏3カ国の平均を2％より多く上回らないこと。
⑤為替は、2年間、独自に切り下げを行わず、欧州通貨制度の為替相場メカニズム（ERM2）の通常の変動幅（上下に15％以内）を守ること。

要は、五つの条件を守ることによって、経済構造を他のユーロ加盟国と同等のレベルに、強制的に収れんさせようとするわけです。

一歩先んじてERM2に参加したバルト三国は、五つの条件を守るために様々な努力を行ってきました。しかし、そこにリーマンショックが起こり、条件を満たすことが難しい状況に立たされています。

なかでも各国が苦慮しているのが、ERM2で定められた為替変動幅の範囲内に自国通貨の為替レートを収めなくてはならない点です。

それを困難にした理由は、今回の金融危機によって、東欧諸国で外資の引き上げが起こったことです。外資は引き上げの際に、現地通貨建ての資産を売って、ドルを買い戻しました。そのため、各国の通貨は強烈に売り込まれ、通貨価値が大幅に下落することになったのです。

さらに悪いことに、多くの場合、彼らは借り入れの多くを金利の低いユーロ建てで行っていました。

そのため、自国通貨安によって債務があっという間に膨れ上がってしまったのです。東欧諸国の大半は、そのせいで財政破綻の危機に瀕し、IMF（国際通貨基金）

とEUの融資によって破綻をかろうじて免れている状態です。

★中東欧の住宅ローン破綻

こうした国々では、国民の債務負担もたいへん深刻な問題になっています。

金融危機以前の好景気に沸いた時期に、彼らはユーロ建ての住宅ローンを組み、住宅の購入を進めていました。その方が金利は低く、いずれはユーロ圏入りするのだから圧倒的に有利だと、住宅ローンを売る方も、それを利用する方も、誰もが考えていたわけです。

ところが、今回の為替相場の急落のおかげで、ユーロ建て住宅ローンを自国通貨に換算した返済負担が一気に膨れ上がってしまいました。そのため、中東欧では、すさまじい数の住宅ローン破綻が起こっています。

こうした新興国は、苦境にあえぎながらも、ユーロ圏入りに国の命運をかけてきました。それは、よく分かります。ユーロ圏入りさえ果たせれば、国も個人も、通貨価値の下落がもたらした重債務問題から何とか逃げおおせることができる。彼らはそう考えましたし、理屈としてはその通りです。それに加えて、ユーロさえ導入すれば、外資もきっと戻ってくるはずだと考えました。

しかし、彼らの目論見《もくろみ》が実際に実現されるか否かは、少々、怪しくなっているのが実情です。彼らもそれを感じ始めています。こうして、ユーロトピアの夢は次第に輝きを失いつつあるのです。

そもそも、たとえＥＲＭ２の固定レートを維持できたとしても、そのほかの条件を満たすことができない国を、ＥＵが簡単にユーロ加盟国として認めるとは考えられません。将来を楽観できる好景気の時なら少々のことは大目に見てもらえたかもしれません。

しかしながら、今のような状況の下で、経済構造の収れんが不十分な新興国を既存加盟国が進んでユーロ圏に迎え入れるとは、まず考えられません。

★チェコが立ち直った理由

一方、まだERM2に参加していない東欧諸国は、今後、どのような態度をとるでしょうか。

東欧諸国はこれまで、ユーロ圏入りを望み、早期のERM2への参加を表明してきました。しかし、今回の金融危機を境に、ここにきて変化の兆しがみられます。

それを象徴するのが、チェコの動きでしょう。

チェコは、2010年のユーロ導入を目指していましたが、2008年12月には財政赤字などを理由に目標時期を延期しました。その後、政府とチェコ中央銀行は「ユーロ導入を急ぐ理由はない」として具体的な時期に関する新たな目標設定を見送りました。

その際、チェコ中央銀行のトゥーマ総裁が指摘したのは、ERM2への早期の参加がチェコ経済にとってマイナスに働く可能性でした。

チェコ経済は、自国通貨コルナが１９９７年に完全変動相場制に移行したことによって成長しました。このことを踏まえて考えれば今、コルナの対ユーロレートを固定してしまうのはまずい。それがトゥーマ総裁の主張です。

この点については、チェコのクラウス大統領も、金融危機が起こる以前から、次のような内容の発言を行っています。

それは、「ユーロ圏が現在抱えている成長の鈍化や生産性の低下という問題の大半はユーロ導入に原因がある」というものです。ちなみに、クラウス大統領は欧州統合懐疑派であり、もともと２０１３年以前のユーロ導入には反対の立場でした。

欧州統合が本当にヨーロッパのためになるのか、という懐疑論には、様々なバリエーションがあります。その多くはＥＵが国家主権を脅かすのではないかという考え方に立脚しており、たとえば２００５年に、フランスとオランダで欧州憲法条約への批准が国民投票で否決された事例などに表れています。

また、イギリス、スウェーデン、デンマークは、通貨統合が通貨主権の放棄につながることに異を唱えて、ユーロを導入しないという選択を行いました。果たして通貨統合がヨーロッパに真の経済成長をもたらすのかという点も、懐疑論の大きなテーマになっているわけです。

東欧諸国では、産業界を筆頭に、ユーロ導入を希望する声は後を絶ちません。しかし、その一方で、経済基盤が脆弱な旧共産圏が拙速にユーロ圏入りを急げば、思わぬ経済的停滞を招きかねないとの懐疑論が次第に市民権を得つつあります。チェコは、その最右翼と目されています。

欧州統合懐疑派が金融危機を利用し、ユーロ導入を先延ばしにしているとの批判を受けて、チェコ中央銀行のハンブル副総裁は次のような見解を述べています。

「自国通貨は金融危機に当たって、一種のエアバッグのような働きをしている。ハンガリー、バルト諸国など、中東欧でユーロ寄りの政策をとる国や、ユーロに固定された相場を持つ、あるいはユーロ建て債務を多く抱える国で、より深刻な事態となっていることがそれを証明している」

金融危機後に、経済が順調に立ち直ったのは、チェコとポーランドです。両者は「ユーロ寄り」の政策をとっていなかった国であり、その意味では、東欧ブームの恩恵を十分に受けたとはいえません。

その代わり、ユーロ寄り的な政策をとっていた国々が金融危機によってたいへんな重債務を抱えることになったのとは対照的に、その影響ははるかに軽微だったわけです。

★ユーロトピアは見果てぬ夢

それでもなお、東欧諸国のユーロトピア幻想は完全に消えてしまったわけではありません。チェコとポーランドも、今なお、ユーロ導入の準備を進めてはいます。導入時期を先送りしてきた彼らですが、改めて２０１２年の導入を目指すことになりました。そのために、結局は10年からＥＲＭ２に参加する計画も発表しました。

しかし、ユーロの弱点があらわになり、欧州統合懐疑論が再び頭をもたげた今、ユーロトピアへのあこがれは、やはり、かなり後退していると言えるでしょう。

グローバル金融の時代の特徴は、バブルが多発し、その破綻が繰り返されるということです。そして、バブルが崩壊するたびにその衝撃が世界中を襲います。

このような時代となった今、ユーロ圏が静寂のオアシスとして機能せず、むしろ、波乱の引き込み線と化していることは、すでに見た通りです。

その現実を目の当たりにして、新興国が抱くユーロ導入への期待感も、かなりの程度萎《しぼ》みこんでしまっているのが現状です。

第5章

巨大なドミノが崩れる時

～通貨大パニックは欧州から始まる～

★欧州発の通貨激震を展望して

ユーロトピア幻想の輝きは衰え、本音と建前を巧みに使い分ける接着術にも限界が見え始めました。不揃いパーツの寄せ木細工であるEUロボットは、21世紀の次の10年が始まる中で大きな危機に当面しています。

ギリシャ問題、あるいはPIGS問題という名の時限爆弾が爆発すれば、ロボットそのものの空中分解もあり得る。それが現状です。

統合欧州の空中分解は、それ自体として大問題です。国境を越え、国家主権を超越した統合体の形成という歴史的大挑戦がここで頓挫《とんざ》することになれば、それが世界を揺るがすことは間違いありません。

もっとも、外からヨーロッパを見ている限り、そのことがどこまで大きな実害をもたらすかという点については改めて吟味が必要です。

グローバル時代は連鎖の時代ですし、本書の冒頭でも指摘しました通り、日本企業の欧州ビジネスも規模は大きいですから、衝撃もまた大きいことには、誰しも異論はないはずです。

ただ、ＥＵが解体しても、その加盟国たちが消滅するわけではありません。その意味で、一つの欧州から多数の欧州に立ち戻ることそれ自体は、移行期の混乱が一巡すれば地球経済に決定的なダメージやインパクトな考え方を与えずに済むのではないか。そのような考え方があっても、それはそれでもっともです。

その限りではＥＵ解体も対岸の火事にみえて来る面があるわけですが、実はそれで話は終わりません。

もう一つ別の心配があります。

それは、欧州発の通貨波乱が世界を巻き込む大通貨調整を引き起こす可能性です。

この点については、いささか注釈を要します。

実を言えば、世界は今、まさしく通貨大調整を必要としています。ユーロトピアが幻想なら、米ドルを基軸通貨とする通貨体制が今なお健在だという認識こそ、より大いなる幻想だと言わなければなりません。

この点は、本書の主題ではありませんので立ち入ることはしませんが、地球経済が真に地球経済らしく、新たに21世紀にふさわしい均衡の構図を手に入れるには、通貨の世界におけるドル時代の最終的な終焉《しゅうえん》が必要だと考えられます。現状をあれこれ考えれば考えるほど、どうしても、結論はそこに帰着してしまうのです。

その結末を引き寄せてくれるのであれば、欧州が通貨大調整のトリガー役を果たしてくれるのは、その限りで決してまずいことだとは言えません。むしろ、歓迎すべき展開だと受け止めるべきでしょう。

ただ、歓迎すべき展開だといっても、通貨大調整にはやはり大きな衝撃が伴います。どのような経路をたどって、どのような衝撃波を引き起こしながら調整が進行するかによって、帰着点へのランディングのスタイルも、そこにたどり着くまでの痛みも違って来ます。

ユーロ圏が当初の火薬庫となる場合、衝撃の伝わり方は多様で、衝撃が及ぶ範囲は広くて複雑に錯綜《さくそう》し、事態の収拾を巡る対応を協調的に運ぶには、相当の知恵と努力を要することになるでしょう。

それだけに、心の準備が必要です。着陸態勢をどう整えるかも、考えておかなければなりません。世界を揺るがす金融大激震の震源地はアメリカでした。カネのもう一つの側面である通貨大激震は欧州発で始まるかもしれません。

その時、何が起こるか。それを見極めるという観点から、本章では、幻想のユートピアを軸とする欧州的なカネの回り方について、もう一息立ち入って見ておきたいと思います。

★ドバイ揺れればイギリス慌てる

ドバイ政府が、政府系持ち株会社ドバイ・ワールドの抱える債務の再編に着手するとのニュースが伝わったのは、２００９年11月30日のことでした。この日、ドバイ・ワールドは推定で５９０億ドルの債務のうち、傘下の不動産開発会社ナヒールなどの保有分、２６０億ドルについて返済を繰り延べる可能性を示唆しました。

ご存じのように、ドバイは中東のシンガポールを目指して大規模都市開発を進め、巨額の開発投資を行ってきました。日本のテレビ番組などでもドバイの好景気は盛んに取り上げられました。

世界一と謳《うた》われる超近代的ビルの建設現場や、そこに大挙して押し寄せたアジアからの建設労働者たちの姿、ドバイの投資用マンションの豪華な室内などが、目にまぶしく映ったのは記憶に新しいところです。

そんなドバイが債務返済不能に陥るかもしれない。そのショックはたちどころに世界を駆け巡りました。そんなドバイ・ショックの一連の報道の中で、目をひく情報が一つありました。

それは、ドバイ向け債権の最大の保有者がイギリスの金融機関であったという事実です。ほどなくドバイ政府は、スタンダードチャータード、HSBC、ロイズをはじめとする債権団との協議を始め、当面はアブダビ政府の資金支援によって、債務の不履行、さらには金融危機再燃という最悪の事態を回避することになりました。

しかし、気がかりな情報は、その後も次々に明らかになっていきました。

その最たるものは、2012年から予定されていたBIS（国際決済銀行）による金融機関の第三次自己資本規制が当分の間、延期されたことでしょう。

日本では、12月16日付けの日経新聞1面で、最初のニュースが流れました。しかし、16日の第一報はスクープ扱いから一転、17日は「有力な案」、18日は誰かわからない金融庁幹部の話にトーンダウンされ、誰もがこのニュースの真相を巡って首を傾《かし》げました。

一方で、海外メディアは、当初からこの延期措置がドバイ・ワールドに絡んだものであると伝えていました。それは、自己資本規制を強化すると金融機関の貸し出しが伸びないという理由とともに、イギリスの金融機関がドバイの債務によって相当に傷んでいることに配慮した措置であるという内容でした。

ＢＩＳと言えば、いわばグローバル金融に関する規制監督の総元締めです。彼らにとって自己資本規制の強化とそのための体制整備が最大の課題です。それを貫徹することが彼らにとっての存在証明であると言っても過言ではありません。

そのような大方針の実施を一時的にせよ見送らざるを得なかったのです。それだけ、ドバイ問題とそのイギリスへの影響が大きかったということでしょう。

★誰が揺れても誰かが慌てる

金融危機以前に行われていた新興国への投資については、アメリカの金融機関が大きな役割を果たしていたことは間違いありません。

しかし、実を言えばヨーロッパの金融機関は、それ以上に巨額の資金を新興世界向けに融資していたとみられているのです。

ユーロ圏先進国の金融機関の資金供給先は、東欧のみならず、ロシアや中東、海を隔てたブラジルなどにも及んでいます。ユーロ・ブームと東欧ブームの中で飛び交う資金が、ヨーロッパの金融機関を経由して、やがては世界中の新興国に向かっていたという構図です。

２００９年2月には、ロシアで民間債務の返済繰り延べ問題が起こりました。

このとき破綻が心配されたのは、ヨーロッパの主要金融機関です。彼らは、ソ連の崩壊以来、ロシアに莫大《ばくだい》な資金を投じてきています。それらの債権が焦げ付くとなればこれは大変なことです。個別金融機関にとってはもとよりですが、国々のレベルでも大問題です。

なぜならヨーロッパ主要金融機関の資産規模は、一国のＧＤＰの数倍に達するケースもあるのです。そのような巨大銀行が破綻しようものなら、国有化によって救済しようにも大きすぎて不可能です。

リーマンショックに至る過程で、「つながり過ぎていて潰せない」という言い方が盛んに使われるようになりました。

金融がグローバル化する中で、どこのどの金融機関が、どこのどの金融機関とどんな取引を通じてどうつながっているか解らない。複雑に絡まり合った無数のパソコンの電源コードのようなものです。どれを抜くとどこでどのパソコンがシャットダウンしてしまうか解らない。

だから、いつまで経ってもどのコードも電源から引き抜くことが出来ない。そんな状況になってしまったというわけです。その意味で、「つながり過ぎていて潰せない」問題は、言い換えれば「何がどうなっているか解らない」問題でもあるわけです。

そして、この問題が最も深刻なのが、実はEUの金融機関の場合においてなのです。なぜなら、彼らは欧州単一金融市場の中で仕事をしています。国境を越えて幅広い域内金融取引に携わっています。

そして、その一方では、前述のような東欧ビジネスやロシアビジネスや中南米ビジネスを行っています。それぞれが多様な金融取引を展開する金融機関たちが、お互いに単一金融市場を通じて関わり合い、競い合っているのです。その中で、誰がどう、どこで誰とつながりを形成して来ているか。これを統一的に把握することは事実上不可能です。

しかも、これまでの各章でもみてきた通り、EUには単一金融市場があれども、単一の金融監督体制がありません。ただでさえ困難を極める課題に対応するのに、そのための行政インフラが存在しないのです。

こうしてみれば、絡み合い、融合し合う電源コード問題は、ヨーロッパにとってこそ、最大級に深刻な問題です。アメリカの比ではありません。

ちなみに、ＥＣＢは２００９年12月に発表した金融安定化報告のなかで、「ユーロ圏の銀行の評価損総額予想は過去6ヵ月に増加し、銀行システムのシステミック・リスクが軽減しているにもかかわらず緩やかに増加を続けている」と指摘しました。

金融危機によって発生した不良債権の穴埋めのために、世界中の先進国が総額でおよそ160兆円を超える巨額の経済対策を打ったにもかかわらず、ユーロ圏では、まだ不良債権がじわじわと増加しているということです。

★つながりとつながりのそのまたつながり

こうして、誰が誰とどうつながっているのかがすっかり解らなくなっている。それがEU金融市場の実態なわけですが、その一方では、誰かと誰かは、何がどうなっても、どうしてもつながってしまう、という問題もあります。

これは地理的・歴史的・民族的な背景がもたらす関係です。例えばバルト三国に関しては、スウェーデンの金融機関が圧倒的な融資シェアを占めている。同じ東欧でも旧西欧との境界線周辺に位置する国々については、オーストリア勢が強い。そのような関係は明らかに存在します。

欧州史が生みだすそのようなつながりを介して、21世紀の金融激震が破綻のドミノの輪を広げていく。そのような側面もあるのが、EU的なカネの回り方のもう一つの特徴でもあるのです。

BISが発表する統計のなかに、国際与信統計というものがあります。これは、各国の金融機関が行っている国外への与信残高を国別にまとめたものです。与信とは、金銭の貸し付けや保証などのことを指しています。

国際与信統計を見ていくと、EUの各加盟国がどの国の金融機関を通じて資金の借り入れを行っているか、国別に把握することができます。

たとえば、チェコ、スロバキア、ルーマニアの3カ国における与信シェアは、オーストリアが圧倒的にトップです。ハンガリーについては、ドイツ、フランスの与信シェアも高いものの、やはりオーストリアがトップです。

東欧のなかで最大の経済規模を持つポーランドの与信シェア上位は、ドイツ、イタリア、オランダの順です。比較的偏りの少ない構造ではありますが、やはりドイツがトップの座を占めている点が注目されます。

ドイツとポーランドの間の長くて複雑な愛憎関係が、金融の世界でもその影を投げかけているということです。

また、エストニア、ラトビア、リトアニアのバルト三国に目を転じると、スウェーデンからの与信シェアが圧倒的に高いことが一目瞭然《りょうぜん》です。

このような事情から、東欧諸国が危機に陥った場合はそれがオーストリアに波及し、バルト三国の場合はそれがスウェーデンに飛び火する公算が高いと考えることができます。

そして、バルト三国問題がスウェーデン危機に及んだ場合、そこから先は、その影響がどこに、どのような形で波及するか、もう誰にも分からない。

分かるつながり、すなわち避け難い、伝統的なつながりと、分からない新しいつながりとが交錯している。

この「つながりとつながりのつながり」が欧州的なカネの回り方の本質的な怖さなのです。

つながりの怖さという意味では、オーストリアの存在を見落とすわけにはいきません。オーストリアは、650年の間、ハプスブルグ帝国の中核的な存在として中部欧州に君臨した国です。第一次世界大戦まではイギリス、ドイツ、フランス、ロシアとともに欧州五列強の一角を占める強国でした。

★芸術の都はスパイの都

首都ウィーンは、音楽と芸術のたいへんみやびな都ですが、冷戦中は、スパイの都という裏の顔も持っていました。ヨーロッパ自由主義陣営とソビエト共産主義陣営のスパイが、この街を拠点に暗躍していたという面があります。冷戦のバランスの基は、何といっても「軍事」と「金融」でした。

オーストリアの金融機関は、スイスの金融機関と同じくらい厚いベールに覆われ、固く秘密主義を保持してきました。冷戦時代のウィーンは西側陣営における東欧研究の中心地でもありました。

ベルリンの壁が倒れた直後においては、東欧情勢の入手を急ぐ人々にとってウィーンが頼みの綱となったものです。

西と東が分断されていた時、ウィーンは出合うはずのない西と東が密かに出合う十字路でした。

このような歴史的位置づけを持つウィーンであればこそ、今なお、ＥＵ各国の金融機関から様々な形で資金が流れ込んでいます。

そんなオーストリアに対する与信シェアを見てみると、とりわけ大きいのは、イタリア、ドイツの２カ国です。両国とも、オーストリアと国境を接していますし、これら３国の間には経済的にも伝統的に強い結びつきがあります。

★悪夢の終わりなきドミノ現象

このようなかかわりがある中で、オーストリアの金融機関が揺らぐようなことになれば、もとより、イタリア、ドイツの金融機関も無傷とはいきません。つながりとつながりがつながる欧州的金融ネットワークの中では、東欧の一角でちょっとした火花が散るだけで、巡り巡ってＥＵの中心部へと危機のドミノ現象が広がっていくことになるのです。

小さな衝撃がまたたく間に巨大な連鎖反応に発展していく。そして、連鎖の流れは一度始まってしまえば、決して止まらない。

まさしく、欧州全体が一つの巨大で限りなく複雑なドミノ構造を形づくっているのです。東欧こければウィーンこける。ウィーンこければ、独伊のどこかで誰かがまたこける。それらの誰かがこけることで、フランスでもまた誰かがこけるのです。

東から西へと波及する将棋倒しの流れは、ひたすら一方通行で動くとは限りません。途中で東への逆流が起こるかもしれません。

それがまた、新たな東から西へのドミノ現象をつくり出すこともあるでしょう。へたをすれば、このドミノ現象には終わりがないかもしれません。

しかも、このドミノ現象が局地的な反復運動に止まっていればまだしも、大きな十字路を通過してしまうと、そこで衝撃がさらに増幅され、さらに広がりが四方八方に及んで収拾がつかなくなる恐れがあります。

その意味での要の位置づけにあるのが、なんといっても、ドイツです。誰が揺れても誰かが慌てる欧州の金融構図ではありますが、ドイツが本格的に揺れるとなれば、そのことによって醸成される衝撃は測り知れません。将棋倒しの流れがドイツに達し、大きく増幅されて、そこからまた西へ東へ、北へ南へと広がっていく。

これこそ、統合欧州の金融当局たちが最も恐れている展開でしょう。この悪夢が現実となった時、間違いなく、統合欧州発の通貨大波乱が世界を揺るがすことになるはずです。

おわりに

「私は、自分がカタルーニャ人であることを認めてもらえればもらえるほど、スペイン人らしい気分になってくる」

これはオペラ歌手のホセ・カレーラスの言葉です。

カレーラスをお好きな読者は多いでしょう。ルチアーノ・パバロッティ、プラシド・ドミンゴの二人とカレーラスの三人組が、「三大テノール」として一世を風靡《ふうび》したのが1990年代を通じてのことでした。パバロッティは亡くなりましたが、今でも、世界中に数多くのファンをもつ三人です。

カレーラスはスペイン人ですが、スペインはスペインでもカタルーニャ地方の出身者です。カタルーニャの首都がバルセロナです。

バルセロナという街も、お好きな方が多いかと思います。芸術の都です。かの聖家族教会を設計した建築家のアントニオ・ガウディ。言わずと知れたパブロ・ピカソ。シュールレアリズム芸術の巨匠、サルバドール・ダリ。そして同じくホアン・ミロ。彼らは皆、バルセロナが世界に誇る珠玉の地元民です。

芸術家の宝庫であると同時に、バルセロナは民族自決の精神の宝庫でもあります。

おわりに

今日のスペインの公式言語はカスティリア語です。カスティリアはスペインの中央部で、そのさらに中央部に、今日のスペインの首都、マドリードがあります。国の首都の言語が国の共通語になっているわけです。

それに対して、カタルーニャにはカタルーニャの独自言語があります。方言ではありません。カスティリア語とは全く異なる言語体系です。どちらかと言えばフランス語に近いと言ってもいいでしょう。マドリードからやって来た人々には、同じスペイン人であっても、バルセロナっ子がカタラン語で話し出せば一言も解りません。

首都圏出身者だからといって、バルセロナで大きな顔をすると、カタラン語でまくし立てられて、「言語的いじめ」の逆襲に会うかもしれません。

バルセロナっ子がカタラン語を大事にするのは、単純な地元びいきだけからではありません。むろんそれもありますが、それ以上に、カタラン語は彼らにとって自立と自決の輝ける象徴なのです。この宝物を大切にかき抱き、そして誇らしげにさしかざす。それがカタルーニャの人の心意気です。

この心意気があるために、彼らは多くの歴史的な試練にさらされて来ました。現代史の中においては、フランコ政権下の圧政との闘いがその場面でした。カタラン語の使用を禁じられ、何かにつけて差別と弾圧と拷問にさらされた時代。それがカタルーニャ人たちにとってのフランコ時代でした。カタルーニャ人であることを否定され、みずからもそのことを否定することを強要された時代です。

ホセ・カレーラス氏のお父さんも、そのような圧政と戦う闘士でした。そのお父さんから受け継いだ記憶が、冒頭の彼の言葉を生み出したのです。

自分が自分らしく存在することを認められれば認められるほど、そのように自分を取り扱ってくれる集団への帰属意識が強くなる。逆に、その構成員たちから自分らしさを奪おうとする集団に対しては、人々の熱き自我が激しく反発する。そうした人間の心情を、カレーラス氏の言葉は実によく言い表わしています。

そして、この心情こそ、欧州的なるものの実相であり、真相だと言えるでしょう。

こうして、不揃いパーツからなるEUロボットにおいては、実を言えば、そもそも、個々のパーツそのものが、内なる不揃いさを抱いているのです。

スペインというパーツのそのまた中に、マドリードあり、バルセロナあり。イタリアというパーツの中にミラノあり、ローマあり、ナポリあり。イギリスというパーツの中にイングランドあり、スコットランドあり、ウェールズあり。パーツの中のそのまたパーツたちは、一寸の虫ながら、どのように巨大な存在にも負けない五分の魂を誇っています。

それらの魂の輝きを尊重出来ないようでは、真の共同体としての統合欧州は夢のまた夢です。

それが解っていればこそ、本書の随所で考えて来た羊頭狗肉方式の統合に、欧州人たちは一つの知恵を見出して来たわけでもあります。それはそれでなかなかの工夫ではあります。

しかしながら、これも所詮はどうも浅知恵でした。そのことが、今回のギリシャ問題を通じてみえて来た。筆者にはそのように思えます。

羊頭狗肉方式で求心力を保とうとするEUのやり方は、欧州人たちが大好きなサッカーでいえば、いわば形から入るチームづくりです。自我の強いプレイヤーたちに対して、チームとしての規則集を手渡して、「はい、この通りにプレーして下さいね。

あとはまぁ、ご自由に」と言っているようなものです。

これでは、仲間意識も本当のチームプレーも決して生まれはしないでしょう。こんな采配の振るい方をする監督は、監督として失格です。このような形式主義でみせかけの団結を作り上げても、いざという時にチームのため、仲間のためのプレーが出るはずはありません。スター・プレイヤー揃いなのに敗北を喫し、しかも試合後にお互いに責任をなすりつけ合う醜態を披露するのが落ちでしょう。

本当に良質のチームには、規則集など存在しない。一致団結の形式を整える必要もない。守るべきルールなど、何も明示されていないのに、いざという時には、あたかも共通のルールに従っているように、目に見えない求心力に従って誰もが絶妙なチーム・プレーを演じる。そのような結束の方程式に解を出せる監督こそ、名監督です。そのような監督が出す解答こそ、カレーラス氏がいう「カタルーニャ人であることを認められれば認められるほど……」の心情に完璧《かんぺき》に合致した解答です。

この黄金の解答を見つけ出すことが果たして出来るか。統合欧州は、今、改めてこの問いかけへの対応を求められているのです。

その黄金解は政治統合にあり、という考え方があります。ギリシャ問題を巡るＥＵの右往左往をみながら、そのように指摘する論者が大勢を占めています。

果たして本当にそうでしょうか。筆者にはどうもそうは思えません。政治統合などなくても、一つの政府も一つの行政も存在しないのに、いざという時にはみんながみんなのために協力する。一人は皆のため、皆は一人のため。この動きが統一ルールによる強制の結果としてではなく、人々の内発的な思いに突き動かされて出て来る。そのような統合欧州でなければ、真の統合欧州とはいえないはずです。まさしく、仏作って魂入れずです。

普段はバラバラ。でも、いざとなれば完璧に合体。それが本当の意味での結束であるはずです。そのようなＥＵに今のＥＵを生まれ変わらせることが出来るか。ギリシャ問題が彼らに突きつけているのは、この問題なのだと思います。政治統合を実現出来るか否かではなくて、政治統合を行うことなくして、いかに、不動の求心力を形成することが出来るかが問われている。そういうことなのだと思います。

ちなみに言えば、このような彼らの現状は、アジア地域における共同体形成構想との関係で実に貴重な示唆と警鐘に富んでいると思います。

ＥＵに見習い、ユーロ圏を見本とすることで、東アジア共同体の構築を進めていこう。

もし、そのような発想が先に立つようであれば、この構想は失敗に終わるか悲劇に終わるかのいずれかだと思えてなりません。外枠づくりから入る共同体構築は、自分らしくありたいと思う人々の魂の逆襲に見舞われて頓挫する。東アジア共同体構想を推進される皆さんには、ホセ・カレーラスのあの言葉をとことん、頭に胸に刻み込んだ上で検討をお進め頂きたいものだと思います。

統合欧州ロボットの内部構造は、その当初の設計者たちが想定したものとは、もはや、似ても似つかないものになっています。その日常的な維持・補修に当たっている欧州委員会のスタッフなどの中にも、だれひとりとして、その成り立ちの隅々までを把握出来ている人はいないでしょう。

おわりに

そのような中で、政治統合を無理やりに推し進めようとすれば、そのことが巨大ロボットそのものの空中分解をもたらすかもしれません。そのことが地球経済に次の恐慌をもたらすかもしれない。そうならないことを祈りつつ、本書の執筆を終えようとしています。

最後になりましたが、ここでフォレスト出版社編集部の宮内あすか氏、そして岡本聖司氏のお二人に心から御礼を申し上げたいと思います。宮内氏には、驚異的な忍耐強さをもって本書の取りまとめ過程にお付き合い頂きました。岡本氏には、本書の全体的な骨格づくりと資料整備に当たって多大なご協力を賜りました。本書は、お二人と筆者の共同作業の産物です。

２０１０年３月

浜　矩子

資料1

駆け足で見る！欧州統合の歩みとその到達点

歴史に学べ！

◆三つの特徴

歴史的に見ると、欧州統合のここまでの歩みには三つの特徴があると言えます。第一に政治主導、第二に計画先行、第三に水平から垂直へ、ということです。具体的には以下の通りです。

一つは、本文の中でも触れたように底流的には政治の思惑や安全保障上の配慮が先行してきたこと、つまりは政治主導型統合であったという点です。

二つ目は、政治主導型であるがゆえに、工程計画が前面に出る統合の歩みだったということです。このことは、パリ条約（1951年）による欧州石炭鉄鋼共同体（ECSC）の設立に始まり、ローマ条約（1958年）、ブリュッセル条約（1967年）、マーストリヒト条約（1993年）、アムステルダム条約（1999年）、ニース条約（2003年）、リスボン条約（2009年）というように、条約に条約を重ねる形で今日に至っていることがよく物語っています。

計画的に、節目、節目に決め事を行うことによって、今日のEUに至るプロセスが実現して来たということです。

そして、三つ目は、経済実態的に見て当初は水平的な関係だったものが、統合が進むにつれて次第に垂直的な関係に変わって来たという点です。

ＥＣＳＣの設立を決めたパリ条約は、フランス、西ドイツ、イタリア、ベルギー、オランダ、ルクセンブルクの６カ国間で締結されました。

当時、この６カ国は、経済構造や国民の所得水準ではそれぞれ違いはあったものの、経済的な到達度という点では類似性が強いグループでした。似たもの同士の集まりだったわけです。水平統合という言い方が相応しい顔ぶれでした。

ところが、そこに１９８０年代にはギリシャ、スペイン、ポルトガルという地中海勢が加わりました。そしてさらに、21世紀に入ると東欧諸国が加わることになりました。所得水準的にみて、当初加盟国たちと彼らとは、明らかに水平的な関係ではありません。彼らと既存加盟国との関係には、垂直統合という表現が相応しい。かくして、統合欧州の構造は水平から垂直へと変化して来たわけです。

こうしてみれば、統合欧州の歩みはなかなかの偉業を成し遂げて来た観があります。まさしくその通りだと言っていいでしょう。

ただ、前述の通り、これはあくまでも羊頭狗肉型の結束なき統合に徹することで生み出して来た成果だという面が多分にあります。そのことは、とりもなおさず、難しいテーマを先送りにして、やりやすいところから手をつけて来たということでもあります。合理的な対応だとも言えますが、このやり方で進めば、やはりいずれは壁に突き当たることとならざるを得ません。

それが今日のＥＵの悩みだといえるでしょう。

◆リーダー不在

例えば、経済通貨統合は、域内関税の撤廃や共通関税の創設などを手始めに、徐々に難度の高いものへと移る形で進んで来ました。

ＥＣＢの創設や単一金融市場化の推進も、相対的には取り組みやすいテーマだったといえます。それに対して、積み残されて来た金融監督の一元化や財政統合などは、これも既述の通り、格段に厳しいテーマです。

問題の棚上げ、先送りは、ＥＵ統合の歴史における際立った特徴ということができ、それが羊頭狗肉の共同体の姿に結実していることは指摘した通りです。

このようなやり方で統合を進めてきた結果、ＥＵはすでに、やりやすい部分はすっかりやり尽くしてしまっている状況です。残されているのは、金融監督にせよ、財政にせよ、欧州憲法にせよ、各国の合意を簡単には得られないものばかりです。

統合の求心力も失われつつあります。

現時点で、戦後間もないころのような信念をもって統合深化を引っ張っていこうとするリーダーシップは、ＥＵ域内のどこにも見当たりません。フランスのサルコジ大統領とドイツのメルケル首相との間にも、かつてド・ゴール大統領とアデナウアー首相が抱いていたほどに強い統合への意思と希求は見られませんし、それに代わる軸も見つからないのが現状です。

合意の困難な問題ばかりが残されている状況にありながら、強力なリーダーシップを発揮する人物もいないとすれば、統合の前進に疑問符が点灯するのは当然のことです。

◆恐慌到来

このように、ＥＵ加盟国は、難しい問題を棚上げしつつ経済的な恩恵だけを先食いし、ユーロ導入以来の10年間を過ごしてきたといえます。

そこに降ってわいたのが「グローバル恐慌」でした。

欧州統合の深化と進展を願う人々にとっては、これこそ、最も起こって欲しくなかった事態でしょう。既にみた通り、羊頭狗肉で実を捨てて名を取るＥＵ方式は、難局に当面すればするほど、危機に瀕します。最大級の難局を前に、みせかけの結束がいかに脆く崩れ去ったかは、本文の中で検討した通りです。

結束の実を醸成することなく、統合の形だけを整えようとするやり方は、ＥＵのいわば規定王国化をもたらしてきました。

無数の細かい規則を各国横並びで導入していく。規定の枠組みを整えていくことをもって、統合を実質的に深化させることに代える。要はそのようなやり方で統合進展のイメージを作り上げて来たわけです。

その結果、確かにＥＵ諸国は膨大な規定集を共有することになりました。屋上屋を架して築き上げた分厚い条約文書もあります。姿形としては、実に堂々たる統合欧州の骨格が出来上がって来ました。

しかしながら、ひとたび異変が生じれば、ただちに国々は自分のことしか考えなくなる。統合の形はあるが、結束の実がないために、一朝有事には誰も統一行動を取ろうとはしない。恐慌到来で、統合欧州のそのような実態が実にはっきり見えてしまうことになったのです。

◆ＥＵは同心円

結束なき統合の欧州は、なにかにつけて足並みがそろいません。何とか名実ともに一つの欧州にたどり着こうとする統合推進派の面々がいるかと思えば、なるべく最低限の統合でお茶を濁しておいてもらいたいと願う連中もいる。後者の筆頭がイギリスです。つかず離れず、やっぱりつかず。それがEUに対するイギリスの一貫した姿勢です。

イギリスが同心円構造の一番外側に位置しているとすれば、その最も中核的な部分を構成しているのが、ドイツ、イタリアとベネルクス三国です。要はECSCに名を連ねた統合欧州の当初メンバーです。独仏枢軸にも、前述の通り往年の絆はありません。

ですが、同心円の外側の厄介者抜きでいくなら、政治統合に向かって踏み込んでもいい。そのような認識は彼らの中でそれなりに共有されています。ついて来られる者だけがついてくればいい、という発想です。

◆統合欧州の中の小宇宙群

EUとは何かという問題を、地理的な視点から考えると、実は非常に多様な文化を包摂し、経済的な棲み分けが行われていることが分かります。

例えば、ドイツと東欧はひとつの固まりとして考えることができる側面を持っており、東欧が経済的に発展すれば大ドイツ経済圏のような力を持つことも考えられないことではありません。

地理的な結びつきには、北欧という固まりも、バルト三国という固まりもあり、さらに言えば、地中海連合や、イギリスと北欧を含めた北海連合という姿の地域ブロックを考えることもできます。

スペイン、ポルトガルのイベリア半島と、モロッコなどの北アフリカを一つの固まりと見ることもできるでしょうし、アドリア海の方を眺めれば、イタリアとバルカン半島をセットで考えることもできます。

国という単位に視点を寄せて行けば、さらに多様な民族模様が浮かび上がります。例えば、国内の南側と北側とで大きな経済格差が生まれてしまう南北問題は、イタリアで顕著ですが、それはドイツにもあります。ドイツの場合は、加えて東西問題も抱えています。

また、ベルギーのような小さな国においても、南北問題はありますし、イギリスもスコットランド問題を抱えています。

それぞれの南北問題は、地域経済の優劣だけでなく、その地域における住民気質や慣習の違いなど、様々な要因を反映しているわけですが、そもそもヨーロッパとは、そうした多様な小宇宙を、モザイクのように包摂した地域であるということです。

このように、ヨーロッパは、地理的にも、地政学的にも、民族的にも、様々な線引きが可能な場所です。そして、その線引きと同数の様々な切り口の世界が存在することが、EU内部の結束の核をひどく見えにくくしていると言えます。

また、内なる線引きとは別に、ＥＵの外側の線をどう引くか、という問題もあります。

ＥＵというユニットは、そもそもどのようにして線引きされたのかと言えば、それは第二次大戦後間もないころの地政学的な関係や国際政治の構図のなかで線引きされたものです。

ところが、東西冷戦が終結したとたんに、旧ソ連邦の国々が入ってくるようになり、ＥＵの姿は東側からどんどん変わっていきます。

そして、拡大ＥＵを目指すという方向に進んでいくわけです。

◆トルコ問題

そのなかで、ＥＵという地理的概念の大きな問題として、今、トルコの加盟という問題があります。トルコの加盟を許すくらいなら脱退する、という姿勢を見せているギリシャなどの国もあり、最終的にトルコをどうするかという結論はなかなかでないわけです。

どの範囲までをＥＵとするのかという問題は、トルコに限ったことではありません。折にふれ、イスラエルをどうするかという話が持ち上がってきたりもしています。

極端な話、そのうちにロシアをどうするかという問題が持ち上がり、侃々諤々の議論になるとしても、不思議ではありません。

したがって、ＥＵ内部の結束の核と同時に、外側の線をどこに引くかということについても、今、非常に決め手に欠ける状況になってきているわけです。

この事実から導くことのできる点は、今のＥＵは、「政治的統合がその最終形である」とする当初の設計図からたいへんに離れてしまった、ということでしょう。

そしてまた、これまで考えられてきた統合の最終形が、拡大する加盟国にとっても変わらぬ最も幸福な将来像だという考え方は成り立たなくなっている、ということではないでしょうか。

ＥＵという枠組みは、非常に統制的に各国を縛るものですが、多様な小宇宙を抱えた加盟国にとって、一律的な規則や規制に誰もが等しく対応しなければならない構図は明らかに窮屈です。

その意味においても、従来の統合の延長線上にうまく機能するＥＵの将来像を描くことは極めて困難になって来ているのです。

◆経済ナショナリズム

こうした現状のなかで、雇用難民問題が、今ＥＵの内なる火種となっていることは、本文の中で見た通りです。

継続的な景気の悪化、あるいは雇用なき経済回復が、移民に対する各国の国民感情を刺激しく排斥的な傾向を強めています。

フランスで、ある時期から「ポーランドの配管工にご用心」という警句が流行り始めたことは既述の通りです。「ポーランド人」という言い方で代表されている東欧移民たちは、フランス国内でいわゆる3K労働に従事しているケースがよく見られます。「配管工」は3K労働の象徴であり、フランスの若者はそうした仕事に就こうとはしないため、その穴をポーランド移民の労働力が埋めていたわけです。

ところが、サブプライム・ローン問題の発覚後、景気が徐々に悪化するにつれ、東欧移民がフランス人の職を奪っているとの声が上がるようになり、それが先の「ご用心」という警句につながっていくのです。

フランス国民にしてみれば、自分たちが仕事にありつけないことも、街で犯罪が多発することも、すべて移民が悪いということになります。たとえ移民を排斥したとしても、経済が回復しなければ何も解決しないわけですが、それを説いて聞かせたとしても、彼らの気持ちが治まるはずもありません。

こうした差別的なナショナリズムは、国内の失業問題が解決しないかぎり蔓延していくのが世の常です。

日本でも、東京や大阪などに出稼ぎ労働者が集中するように、EUにおいても移民労働者が大量に流れ込んだのはヨーロッパの主要な都市部です。

そこには、稼ぎ頭の金融業を頂点とする様々な企業がオフィスを構えています。当然、会社に勤める大勢の従業員がおり、周辺には彼らが住むベッドタウンがあります。人がたくさん暮らしていれば、生活に付帯するサービスがたくさん生まれます。だからこそ、移民はそこに仕事を求めたということです。

ところが、今になってみると、かつて豊富に仕事があった国や地域の都市部ほど、問題は深刻化しています。企業は従業員を減らし、失業してしまった人もそうでない人も、生活に費やすお金をどんどん削っています。屈託に満ちた社会風景が、そこらかしこに広がっているわけです。

そして、社会不安のはけ口は、いつも決まって、よそ者に向けられます。

もし、移民という理由だけで、社会的に劣る存在であり、差別してもいいのだという価値観が蔓延するとしたら、このことはきわめて深刻な問題に発展しかねません。

この問題に対して、EUとしてどのような知恵を出して対応することができるかどうかは、たいへん重要な意味を持つに違いありません。

EUが、本来多様なヨーロッパの価値観をそのまま受け入れて行こうとするかどうか、その非常に重要な試金石になるのではないでしょうか。

◆複数金利？

今後もEUが統合を前進させていくためには、従来とは違った方向性を見出すことがカギになっていきそうです。

その将来像を探す一つのヒントがあるとすれば、欧州統合の設計図を描いた人たちが予想もしなかったEU像を模索することでしょう。

つまり、首尾よく政治統合を行い、統一の外交安全保障、統一の財政を持つという統合の最終形をリセットし、まったく異なる将来ビジョンを組み立てることです。

それは「統合の深化」ではなく「統合の進化」を目指すことだと言えるでしょう。統合を「深める」のではなく、新しい形を模索して「進める」ということです。従来目指していた欧州統合とは違う方向へ将来像をシフトすること、と言い換えてもいいかもしれません。

例えば、金利一つをとっても、それが言えると思います。

ECBが決定する単一の政策金利では、加盟各国の経済を安定させることは不可能であり、したがって通貨を安定させることも困難という点は、すでに指摘した通りです。

では、どうするかという時に、これまでの議論では、それぞれの国が単一金利の下で本当に健全な経済運営ができるのか、という根本的な問題には答えず、それでは金融監督や財政を統一する道を探りましょうという具合に、問題の本質のすり替えによってかわしてきたといえます。

しかし、「進化」を前提にすれば、ＥＵの多様性を生かすために、例えば単一金利をやめるというような、新しいアプローチの方法も見えてくるのではないでしょうか。

もちろん、単一通貨、複数金利というようなことを言えば、本当にあなたは経済の専門家なのかと疑われてしまうかもしれません。

しかしながら、加盟国ごとに金利を決める方が、よほど合理的な経済運営ができるはずです。

一度常識の枠から大きく足を踏み出して、従来とはまったく異なる発想で「進化」の道を探らなければ、ＥＵ統合に未来はない。そのような場面が到来していると考えるべきでしょう。複数金利を導入するくらいの方法を考えられないのであれば、いずれＥＵの統合が袋小路に迷い込むことは明らかです。

「通貨」と「金融」にしても同じことです。

先に紹介したように、金融は最も市民に近いところにあるべきものです。

ところが、アメリカに対抗する理由からユーロというグローバル通貨を導入することになり、そして、それがグローバル通貨であるがゆえに、地域経済が一気にグローバル恐慌の大波に飲み込まれることになりました。

◆地域通貨ネットワーク

実は、地域経済を第一に考えるとすれば、グローバル通貨にすべての地域の経済取引をまかなわせること自体、いささか無理な話です。

例えば、先進国では、このグローバル金融の時代に、地域経済の活力がおしなべて失われようとしています。要因はいくつかあるとは思いますが、その大きな理由の一つは、グローバル通貨が地域の活力を吸い取ってしまったことにあるでしょう。

グローバル通貨が地域経済を押しつぶすメカニズムは、例えて言えば、ある地域に新幹線を通したため、在来線という日常の足が廃れるのと同じです。

真新しい新幹線と引き換えに、田舎駅の乗降客はがた減りし、しまいに在来線は廃線となり、地域の過疎化が進んでいきます。同様に、クレジットカード決済、インターネットのワンクリック決済という、グローバル通貨の利便性と信用が、地域で日常的にお金をやりとりする機会を奪い、地域の商業活動を壊してしまうわけです。

その意味では、ヨーロッパの多様な小宇宙を蓄えたEUを存続させるならば、それぞれの地域の実情に合わせた地域通貨を根づかせ、それをネットワークで結ぶような仕組みも必要になるに違いありません。地球が一つのつながりになった現代においては、グローバルな拡大志向とはまったく正反対の力が働かない限り健全な地域経済が保てないことに、私たちは気づくべきなのです。

そもそもEU統合の設計図は、経済的な同質性を持つドイツ、フランス、イタリア、そしてベネルクス三国の間における統合に限定されていた、始まりの時代に描かれたものです。拡大に次ぐ拡大を行い、東欧やバルト三国など中心国との格差があまりにも大きい新興国までが加盟しようという時に、いまだに古い設計図の完成を夢見ているとしたら、欧州統合という歴史的大実験は必ず失敗に終わるに違いありません。

EUが深化から進化へ、統合の転換を図ることができずに、世界が再び恐慌の影におののく事態になるとすれば、それをきっかけに、EUは拡大の道から縮小の道に進む公算がきわめて高くなります。

歴史に学べ！

資料2

駆け足で見る！基軸通貨「ポンド」の歩み

◆ポンド危機にタイムスリップ

さて、ここで、しばしの間のタイムスリップにお付き合いいただきたく思います。世界の通貨体制が大きく動く時、何が起こるか。それを歴史の中で確認しておきたいと考えるからです。

タイムスリップで行き着く先は、１９６０年代におけるポンド危機下のイギリスです。そこに至るポンド史にも、少し踏み込んでみたいと思います。

今のユーロを当時のポンドに見立てることには、少々無理がありますが、通貨の世界がドミノ現象に襲われる時、何がどうしてどうなるかをつかむには、この間の展開がそれなりに参考になります。

過去を振り返ることで、これから起ころうとすることに関する読みと心構えを形成しておこうというわけです。

一般に、ポンドがドルに世界の基軸通貨の座を譲ったのは、１９４５年のブレトンウッズ体制からだと理解されています。第二次世界大戦以前は、イギリスのポンドが世界の基軸通貨でした。

当時、戦勝国のアメリカとイギリスが、戦後の通貨体制を巡って激しい綱引きを行い、結局はアメリカが勝利します。アメリカの主張であったブレトンウッズ体制は、ご存じのように、ドルと金との交換比率を固定し、その他の国々の通貨はドルと固定的にリンクするという方法です。

このことによってポンドは、基軸通貨ドルとリンクするワン・オブ・ゼムの通貨になったというわけです。

ところがポンドは、ブレトンウッズ体制の下においても、なおしばらくは基軸通貨として一定の役割を果たしていました。

その理由は、スターリング諸国の存在に求めることができるでしょう。

◆世界各国のポンド買い

スターリング諸国とは、1929年に起こった大恐慌後、イギリスが形成したブロック経済圏（ポンド経済圏）の国々のことです。イギリスは、それを戦後においても維持し、ポンドの地位低下を補おうとしました。

ちなみに、スターリング地域の国々とは、オーストラリア、ニュージーランド、南アフリカ、インド、パキスタン、セイロン、東アフリカ、中央アフリカ、西アフリカ、マレーシア、ブルネイ、香港、ビルマ（現ミャンマー）などです。

戦前、戦中、戦後を通じて、スターリング・ブロックでは、各国の通貨はポンドと固定的にリンクしていました。各国は、獲得した外貨をロンドンでポンドに転換し、ロンドンに蓄積したポンド預金を国際決済に用いていました。

スターリング諸国はみな、獲得した外貨でポンドを買うわけですから、それがポンドの国際通貨価値を支えることになります。イギリスはといえば、域外への外貨と金の流出を制限し、ポンドの通貨価値を維持するよう強力な為替管理を行っていました。

そして、ロンドンのポンド残高は、ポンドの通貨価値の維持と引き換えに蓄積され、たいへん巨額に上るようになります。

たとえば、第二次世界大戦中、ポンド残高はイギリスの戦費をまかなって余りあるほどに増加しています。ブロック諸国がこぞって有事のポンド買いに走ったこともありますが、それ以上に域内の経済ナショナリズムが発揚した結果と考えるべきかもしれません。ブロック経済圏は、経済ナショナリズムに基づいた国家連合体という性格を非常に強く持っていたからです。

そして、ブレトンウッズ体制の下でポンドとドルの交換性をどのように回復するかという問題に直面しなければならなくなった時、この巨額のポンド残高が、イギリスにとって大きな蹉跌《さてつ》となっていくのです。

◆世界各国のポンド離れ

第二次世界大戦後、イギリスは経常収支の赤字に悩まされ続けます。ポンドは切り下げ圧力にさらされ、イングランド銀行（イギリスの中央銀行）は度重なる為替介入によってそれをしのごうとします。

しかし、為替介入を行うたびに、外貨準備として蓄えたドルがイギリスからどんどん国外に流出することになるため、いつまでも続けることは不可能でした。

そのため、イギリスはスターリング地域の国々のポンド残高を封鎖する一方で、1949年にはポンドの切り下げを余儀なくされます。これは、それまで維持されていた1ポンド＝4・03ドルを1ポンド＝2・80ドルにする、およそ30％もの大幅な切り下げでした。

ポンドの保有国は、たまったものではないでしょう。当然のことながら、ポンド保有国はポンド離れを起こし始めます。

ところで、この点を踏まえて現代の状況を考えてみると、ドルの大量保有国でよく似たことが起こっています。

例えば、今、中国などが盛んにドルの通貨価値の下落に不満を表明しています。

中国は、これまで外貨準備としてアメリカの国債を大量に購入してきた経緯がありますが、ドル安の進行によって、それがたいへんなスピードで目減りしているわけです。このことは大量のオイルダラーを抱える中東なども同じです。

そして彼らは、アメリカがドル安を放置するなら、ドルを売って、例えば金のような価値の下がらないものを買おうという動きに出るようになります。今、世界ではドル離れが起こっており、それがドル安の加速、あるいは金価格の高騰という形になって現れているわけです。

◆ポンドからドルへ

さて、ポンドの切り下げによってスターリング諸国はどうなったのかといえば、域内の国々の通貨はポンドと連動して切り下げられました。スターリング諸国はイギリスの政策に追随することを選択するのです。そのため、ロンドンのポンド残高問題は表面化することはありませんでした。

しかし、その後もイギリスの経常収支は赤字基調を続けます。そして、イギリス経済が期待するようには浮上しないということが、徐々に鮮明になっていきます。

また、ポンド切り下げ以降、スターリング諸国にも変化が現れます。彼らは、外貨準備としてのポンドを減らす傾向に舵をきり始めるのです。

経常収支の赤字を積み重ねるということは、イギリス経済に問題があるということであり、それはあくまでイギリスの国内問題です。

そのために、一度ならずも自らを犠牲にしなくてはならないとすれば、何のためのスターリング・ブロック維持か分かりません。彼らが、切り下げ圧力が続くポンドを持とうとしないのは、当たり前の成り行きだったともいえます。

そして、ここまで来ると、いよいよポンドは変調をきたすことになります。

そもそも、ポンドの国際通貨価値が維持されたのは、スターリング諸国が獲得した外貨をポンドに転換することを常としたからです。彼らがポンドを敬遠し、稼いだ外貨で買うポンドの額を減らし始めれば、これまで働いていたポンドの国際通貨価値を支える仕組みがなくなってしまいます。

こうして、ポンドの通貨価値を下支えする最後の力も薄れていくわけです。

そして、下支えの仕組みを失いつつあったポンドは、売り投機の格好の標的にされ、たびたび通貨危機に見舞われるようになっていきます。

例えば、１９６１年の西ドイツマルクの切り上げ幅が予想を下回った際に、あるいは64年のイギリス総選挙で労働党が勝利した際に、そして１９６６年のイギリス海員組合が大規模ストライキを起こした際に、ポンドは投機的な売り浴びせにさらされます。

そして、1967年に、いよいよ「ポンド危機」が起こります。売り浴びせに耐え切れなくなったイギリスは、同年11月、戦後2回目のポンド切り下げを発表し、1ポンド＝2・80ドルから1ポンド＝2・40ドルに、率にして14％以上の切り下げを行うのです。

特筆すべきは、このときの切り下げに、オーストラリア、インドなどスターリング諸国は追随しませんでした。

このとき、イギリスを中心とするスターリング・ブロックは終焉を迎え、ポンドは、国際基軸通貨としての役割を完全に失うことになったのです。

編集協力　岡本聖司
DTP　システムタンク

〈著者プロフィール〉
浜 矩子（はま　のりこ）

同志社大学大学院教授。

1952年生まれ。一橋大学経済学部卒業。

1975年、三菱総合研究所入社。

ロンドン駐在員事務所所長、同研究所主席研究員を経て、2002年より現職。専攻はマクロ経済分析、国際経済。国内外のメディアにも登場し、「新報道2001」、「報道ＳＴＡＴＩＯＮ」などで、辛口の分析力と広範な視野で経済トピックスを斬る。主な著書に、『グローバル恐慌』（岩波書店）、『スラム化する日本経済 4分極化する労働者たち』（講談社）、『ザ・シティ 金融大冒険物語』（毎日新聞社）、『ドル終焉』（ビジネス社）などがある。

ユーロが世界経済を消滅させる日

2010年3月28日　　初版発行

著　者　浜矩子
発行者　太田宏
発行所　フォレスト出版株式会社
〒162-0824 東京都新宿区揚場町2－18　白宝ビル 5F
電話　03-5229-5750（営業）
　　　03-5229-7791（編集）
URL　http://www.forestpub.co.jp

印刷・製本　（株）シナノ

ISBN978-4-89451-386-0　Printed in Japan